「考え方」で考える
社会保障法

Hisatsuka junichi
久塚純一 ［著］

成文堂

目　次

イントロ——この本の狙い—— …………………………………………… *1*

「この本」の全体像 ………………………………………………………… *10*

第1部　社会保障法とは（導入）
——「社会保障法」を巡る考え方で考える—— ………… *13*

第1章　「考えること」の「対象」について考える ………… *17*
　Ⅰ　目的（18）　　Ⅱ　［新しい法律に見られる考え方］からの接近（19）
　Ⅲ　［法律の改正に見られる考え方］からの接近（20）
　Ⅳ　［裁判例にみられる考え方］からの接近（21）
　Ⅴ　［議論に見られる考え方］からの接近（22）

第2章　［「対象」の出現］について考える ………………… *23*
　Ⅰ　目的（24）　　Ⅱ　「社会保障法」と「社会保障関係の法律」（25）
　Ⅲ　近代市民法の登場（26）　　Ⅳ　「市民法」から「社会法」へ（27）
　Ⅴ　［特殊なものの普遍化］という過程（28）

第3章　日本の経緯から考える（1. 戦前・戦時） ………… *29*
　Ⅰ　戦前・戦時の医療保障——健康保険法の登場（30）
　Ⅱ　戦前・戦時の医療保障——その後の展開（31）
　Ⅲ　戦前・戦時の所得保障——労働者年金保険法の登場（32）
　Ⅳ　戦前・戦時の所得保障——その後の展開（33）
　Ⅴ　戦前・戦時の公的扶助——一般的な救貧制度と特殊な部門の救貧制度（34）

第4章　日本の経緯から考える（2. 戦後） ………………… *35*
　Ⅰ　戦後間もなくの状況（36）　　Ⅱ　国民皆保険と国民皆年金の達成（37）
　Ⅲ　社会福祉制度の展開（38）　　Ⅳ　社会保障の見直し①（39）

V　社会保障の見直し②（40）

第5章　現代日本の具体的事例を巡る考え方 ……………… 41

　　I　［高齢者の医療保障について］の考え方（42）
　　II　［高齢者の所得保障について］の考え方（43）
　　III　［少子化について］の考え方（44）
　　IV　［いわゆる「3号被保険者問題」について］の考え方（45）
　　V　「税」方式と「社会保険」方式についての考え方（46）

　考えるための補足テーマ——練習 ……………………………… 47

第2部　「主体」と「その単位」について
　　——「誰が」を巡る考え方で考える—— ………… 49

第1章　「受給権者」から考える ……………………… 53

　　I　目的（54）
　　II　［「必要性のある人」と「負担した人」との関係］に関する考え方（55）
　　III　「滞納した人」についての考え方（56）
　　IV　「死亡した人」についての考え方（57）
　　V　「失権」についての考え方（58）

第2章　「個人」と「世帯」という単位から考える ……… 59

　　I　目的（60）　　II　「必要性が生じる単位」を巡る考え方（61）
　　III　「負担・納付をする単位」を巡る考え方（62）
　　IV　「給付がなされる単位」を巡る考え方（63）
　　V　「個人」と「世帯」を巡る考え方（64）

第3章　「住所」と「国籍」から考える ………………… 65

　　I　目的（66）　　II　社会保障法における「住所」についての考え方（67）
　　III　社会保障法における「国籍」についての考え方（68）
　　IV　［「人の移動」と「制度」との関係］についての考え方（69）
　　V　「社会保障法」のグローバル化を巡る考え方（70）

第4章 「社会的に対応される状態の人」・「年齢」・「性別」から考える……*71*

Ⅰ 目的（72）　Ⅱ 「年齢」による類型化についての考え方（73）
Ⅲ 「性別」による類型化についての考え方（74）
Ⅳ 「私的に対応される人」から「社会的に対応される状態の人」へ（75）
Ⅴ 「特殊性と普遍性」を手掛かりとした「主体」を巡る考え方（76）

第5章 「受給をする人」と「負担をする人」との関係から考える……*77*

Ⅰ 目的（78）　Ⅱ 「受給をする人」を巡る考え方（79）
Ⅲ 「負担をする人」を巡る考え方（80）
Ⅳ 「受給をする人」と「負担をする人」を接合する考え方（81）
Ⅴ 「受給をする人」と「負担をする人」を切断する考え方（82）

　考えるための補足テーマ――練習……*83*

第3部　「出来事」について
――「どのような場合に」を巡る考え方で考える――……*85*

第1章 「私的な出来事」と「社会的な出来事」という考え方から考える……*89*

Ⅰ 目的（90）　Ⅱ 「私的な出来事」から「社会的な出来事」へ（91）
Ⅲ 「社会的な出来事」としての「傷病」（92）
Ⅳ 「社会的な出来事」としての「要介護状態」（93）
Ⅴ 「社会的な出来事」としての「高齢」（94）

第2章 「社会保険事故」と「社会保障事故」との関係から考える……*95*

Ⅰ 目的（96）
Ⅱ 独立した「社会保険事故」と統合される「社会保障事故」（97）
Ⅲ 「家族療養費」を巡る考え方から考える（98）
Ⅳ 「国民皆保険」と「医療扶助」との関係から考える（99）

Ⅴ　「社会保険事故」と「社会保障事故」との関係を巡る考え方（100）

第3章　「出来事」の「拡大・普遍化」／「統合・抽象化」から考える　101

　Ⅰ　目的（102）
　Ⅱ　法改正と新しい法律の制定による「出来事」の「拡大・普遍化」（103）
　Ⅲ　「出来事」の「拡大・普遍化」という過程についての考え方（104）
　Ⅳ　法改正と新しい法律の制定による「出来事」の「統合・抽象化」（105）
　Ⅴ　「出来事」についての「社会連帯的性格の強調」と「自己責任的性格の強調」（106）

第4章　「出来事」の重複／統合と消滅から考える　107

　Ⅰ　目的（108）　　Ⅱ　「出来事」の独立性と併合という考え方（109）
　Ⅲ　「出来事」の「量化」という考え方（110）
　Ⅳ　「併給調整」という考え方（111）
　Ⅴ　「出来事」の消滅という考え方（112）

第5章　「出来事」の細分化から考える　113

　Ⅰ　目的（114）
　Ⅱ　「入院時の食事」の細分化から考える（115）
　Ⅲ　「入院時の生活」の細分化から考える（116）
　Ⅳ　「療養」の細分化から考える（117）
　Ⅴ　「出来事」の細分化と統合から考える（118）

　考えるための補足テーマ——練習　119

第4部　「給付」・「費用」／「権利」・「義務」について
　——「何を」「どのように」を巡る考え方で考える——　121

第1章　「社会的給付という考え方」から考える　125

　Ⅰ　目的（126）　　Ⅱ　「社会的給付」という考え方とは（127）
　Ⅲ　「社会的給付」という考え方の登場（128）

Ⅳ　「社会的給付」の有する特質（129）
　Ⅴ　「社会的給付」という考え方の変容（130）

第2章　「社会保険料」の「負担と納付」についての考え方と実際 …… *131*

　Ⅰ　目的（132）　Ⅱ　「保険料の負担」を巡る考え方（133）
　Ⅲ　「保険料の負担」の実際（134）
　Ⅳ　「保険料の納付」を巡る考え方（135）
　Ⅴ　「保険料の納付」の実際（136）

第3章　「社会保険料の滞納」についての考え方と実際から考える …… *137*

　Ⅰ　目的（138）
　Ⅱ　「社会保険料の滞納」を巡る考え方と実際①——医療保険（139）
　Ⅲ　「社会保険料の滞納」を巡る考え方と実際②——介護保険（140）
　Ⅳ　「社会保険料の滞納」を巡る考え方と実際③——年金（保険）（141）
　Ⅴ　「社会保険料の滞納」から見た「保険料」の考え方（142）

第4章　社会保障法における「受給権」とその保護について考える …… *143*

　Ⅰ　目的（144）
　Ⅱ　社会保険関係における受給権の保護（実際・考え方）（145）
　Ⅲ　公的扶助における受給権の保護（実際・考え方）（146）
　Ⅳ　「受給権」／「税金」と「保険料」（実際）（147）
　Ⅴ　「受給権」／「税金」と「保険料」（言説・混乱）（148）

第5章　「負担すること／負担したこと」と「受給権」との関係から考える …… *149*

　Ⅰ　目的（150）
　Ⅱ　「支給要件」・「給付内容」から見た「社会保険料」（151）
　Ⅲ　「負担すること／負担したこと」と「受給権」（152）
　Ⅳ　「失権」から見た「社会保険料」（153）

Ⅴ　社会保険における「受給権」と「保険料負担義務」の相互関係から考える（154）

考えるための補足テーマ——練習 …………………………………… *155*

第5部　「圏域」・「空間」について
　　——「どこで」を巡る考え方で考える—— ……………… *157*

第1章　「国」・「都道府県」・「市町村」の役割から考える … *161*
　　Ⅰ　目的（162）　　Ⅱ　「空間と機能」についての考え方（163）
　　Ⅲ　制度の具体例（164）
　　Ⅳ　「国」・「都道府県」・「市町村」の棲み分け（165）
　　Ⅴ　「国」・「都道府県」・「市町村」の重層性（166）

第2章　「移動の自由」から考える …………………………… *167*
　　Ⅰ　目的（168）　　Ⅱ　社会保障における「生活の圏域」という考え方（169）
　　Ⅲ　「生活の圏域」と「行政の圏域」との関係についての考え方（170）
　　Ⅳ　[「移動の自由」と「入院・入所」]を巡る考え方（171）
　　Ⅴ　[「移動の自由」と社会保障]との関係についての考え方（172）

第3章　「私的扶養の空間」と「社会的連帯の空間」を
　　巡る考え方で考える ……………………………………… *173*
　　Ⅰ　目的（174）　　Ⅱ　「空間」を扱うにあたっての注意点（175）
　　Ⅲ　要保障状態が発生する「空間」（176）
　　Ⅳ　社会保障給付の対象としての「空間」（177）
　　Ⅴ　負担義務の発生する「空間」（178）

第4章　「連帯」の生成から考える ……………………………… *179*
　　Ⅰ　目的（180）　　Ⅱ　「連帯」という用語の使われ方（181）
　　Ⅲ　「連帯」の基礎としての「共有された意識」を巡る考え方（182）
　　Ⅳ　[「連帯」と「排除」]を巡る考え方（183）
　　Ⅴ　社会保障における[「生存権」と「連帯」]を巡る考え方（184）

第5章 「国際化」から考える　……… *185*

Ⅰ 目的（186）
Ⅱ [「グローバル化する社会」と「社会保障」]についての考え方（187）
Ⅲ 「社会保障のグローバル化」現象（188）
Ⅳ [「社会保障」の「グローバル化」]の可能性（189）
Ⅴ [「国境の移動」と社会保障]との関係（190）

考えるための補足テーマ——練習　……… *191*

第6部 「社会保障法」を巡る考え方とは（まとめ）
——「応用問題」で考える—— ……… *193*

第1章 生活保護を巡る議論を素材に考える　……… *197*

Ⅰ 目的（198）　Ⅱ 「最低生活扶助基準額」を巡る考え方（199）
Ⅲ 「補足性の原理」という考え方（200）
Ⅳ 「世帯単位の原則」という考え方（201）
Ⅴ 「自立」の助長を巡る考え方（202）

第2章 「損得勘定／年金（保険）」のような議論を素材に考える　……… *203*

Ⅰ 目的（204）　Ⅱ 「払った分だけもらえるのか？」という考え方（205）
Ⅲ 「二重払い」という考え方（206）　Ⅳ 「遺族年金」を巡る考え方（207）
Ⅴ 「任意脱退」を巡る考え方（208）

第3章 「介護保険」を巡る議論を素材に考える　……… *209*

Ⅰ 目的（210）　Ⅱ 「被保険者の年齢」を巡る考え方（211）
Ⅲ 「保険事故」と「保険給付の形態」を巡る考え方（212）
Ⅳ 「予防給付」を巡る考え方（213）
Ⅴ [「措置」から「契約」へ]という考え方（214）

第4章 「高齢者の医療保障」を巡る議論を素材に考える

……… *215*

    Ⅰ　目的（216）　　Ⅱ　「高齢者の医療保障」の経緯に見られる考え方（217）
    Ⅲ　「高齢者の医療保障」を考える考え方（218）
    Ⅳ　「高齢者の医療の確保に関する法律」に見られる考え方（219）
    Ⅴ　「国民皆保険」体制と「高齢者の医療保障」との関係についての考え方（220）

第5章　「議論の構造」について考える …………………………… *221*

    Ⅰ　目的（222）　　Ⅱ　「持続可能な制度」から考える（223）
    Ⅲ　「世論」の構造から考える（224）
    Ⅳ　「専門家」と「素人」との関係から考える（225）
    Ⅴ　「議論の構造」から考える（226）

  考えるための補足テーマ──練習 ………………………………………… *227*

エピローグ──もう一度、なぜ[「考え方」で考える社会保障法]だったのか ……… *235*
あとがき ……………………………………………………………………………… *243*

イントロ
——この本の狙い——

「大切なこと」なので「大切に」

「ところで、先生のご専門は？」
「社会保障法というものです。」
「そうですか、これからの日本にとっては、大切な研究ですよね。」
「ええ、そうですね。」
「自分の年金はいくらになるのかは気にかかりますが、複雑で、難しい学問ですよね。」

たいていの会話は、このようになってしまう。救われることは、「複雑で、難解だ」とされていても、「社会保障は大切である」ということになっていることである。さて、問題は次だ。困ったことに、この本のタイトルには、「考え方」という言葉がくっついている。この「考え方」という言葉をみて、「やっぱり、複雑で、難解だ。この本を買わないで、他の本を探そう」なんて結論を出すのはまだ早い。実は、この「考え方」がとても大切なことなのである（本当？　その理由は？）。それについては、後でちゃんと説明（説得？？？）するので、もう少し読み進めてみていただきたい。

[「考え方」で考えること]とは

そして、これでもかというように、この本は、[「考え方」で考える]ということになっている。「覚える」だけでも苦痛なのに、[「考え方」で考える]なんて、「私には不可能だ。やっぱり、他の本にしよう」なんてならないで、もう少し読み進めてほしい。「やっぱり、他の本にしよう」と思いかけているあなたにとって、苦痛となることの多くは、意味がないように感じられることを「記憶する行為」なのではないだろうか。たとえば、「数学が嫌いだ」という気持ちのどこかに、「公式を覚え

ていないと解けないから」ということはなかったであろうか。

　少し横道に入って、もう少し考えてみよう。考えてほしいことは、①あることを巡っての「考え方」と、②ソレについての「法律」のどちらが先に存在するのか？　ということである。100％に近いたいていの場合、「考え方」が先行している。その「考え方」を「法律」という形で表わすと、皆さんがよく見る「六法」というようなものとなる。逆にいえば、「法律」等を見れば、「あることを巡っての考え方」が分かることになっている。ここまでは了解していただけたであろうか。ところで、「ある事柄に対応する考え方」はひとつであろうか？　そのようなことはない。「考え方」を具体化した「結論」として「法律」というものが存在するとしても、それは複数の考え方がミックスされた結果として「姿」をあらわしているものである。よく観察すると「法律」には対立するような形での「力」が内在しており、常に、どちらの側かに移動しようとしている。その結果として「法律」や「規則」の改正がおこなわれることもある。とすれば、私たちのなすべきことは「最新版の法律」を追いかけることであろうか？　もちろん、「最新版の法律」も大切ではあるが、そのようなものをいくら追いかけてもきりがない。大切なことは、度重なる法改正があったとしても、それに耐えうる議論をなすことである。そのような議論は、「あることを巡っての考え方」について考えるという行為によって確保されることとなる。

　「記憶する行為」も楽しいだろうが、「これに関しては、このように考えると、これはこうなる」という具合に考える過程も結構楽しいものだ。考えることになる「対象」が一つであるとしても、それについては、色々な考え方がありうる。この場合に大切なことは、どの「考え方」を採用するかという結論よりも、採用しようと思った「考え方」について上手く「説明する力」を身につけることだ。「説明する力」を身に付けることの大切さは、自分とは異なる考え方を持っている人の考え方について、「あのように主張するのは、あのような考え方に依拠して

いるからなのだな」と、よりよく理解できることにある。小さな子どもの話を聞いていて、「なぜこのように主張しているのか」が分からないことがあるが、よく聞いてみると「基本となっている考え方（らしいもの）」がある。子どもの考え方をよりよく理解するのも、そして、子どもに対して大人の考え方をよく理解してもらうのも、基本となるのは、「考え方」を上手く「受容し理解する力」であり、「表現しようとしていることを、他者に理解できる言葉に変換する力」である。ちょうど、数独（sudoku）」の空欄に［3］をいれて、「なぜ、そこには［3］しか入らないか」ということを小さい子供に説明するときのように。言葉を使って説明する力が不足しているなと感じている方は、是非、数独（sudoku)を試してほしい。その場合、「なぜ、そこには［3］しか入らないか」ということを自分に説明しつつ楽しむことが大切だ。数独（sudoku)の場合、特定の□（四角）の中に入る数字について、なぜ［3］なのかについてのいろいろな説明方法があるが、難点（？）は、答えが［特定の数］以外になる可能性がないことである。

　数学の試験で「ある課題」がだされた。「設問」は、それについての「解」を求めるためには「どのように考えたらいいでしょう」というものであった。さらに、それが「計算式を書く必要はない。どのように考えたらいいか、あなたの考え方を書いてください。」という「設問」であったとしたら、「自分にもできるかもしれない。やってみよう。」とはならないだろうか。記憶せざるを得ない公式に縛られることはないし、主体性を保てそうだし……、［「考え方」で考える］となっていることのほうが、苦痛ではないのだ（すごく強引ですか？）。

［「考え方」で考えること］の大切さ

　では、なぜ、［「考え方」で考える］ということが大切なのであろうか。イメージを膨らませて読んでみていただきたい。

　新聞に「新しい年金の額が〇〇〇円となる」という記事があった。記

事を見つけたＡさんは、「〇〇〇円という結果」が気にかかった（もちろん、私も気にかかる）。ところが、隣にいたＢさんは、「なぜ、×××円ではなく、〇〇〇円になったのか」ということが気にかかった（私も気にかかる）。Ａさんも、Ｂさんも年金には関心があるのだが、関心の持ち方が少し異なる。Ａさんの場合は、自分の「年金額」が高くなるのであれば賛成するかもしれないが、Ｂさんの場合は、自分の「年金額」がいくらになるのかということではなく、「〇〇〇円となったことの理由」が気にかかったのである（どちらが人格的に優れているということではない）。かつては、Ａさんも、理屈が通っていれば、「いやだけど、仕方がない」と考えた時もあったのだ。そのＡさんが「理屈ではなくて、金額だ」と考えるようになったのは、「あのときは、あのような理屈で説得されたのに、今度は、このような理屈で説得しようとしている」というような経験をうんざりするほどしていたのだ（日本の社会保障の経緯を見ると、これはきわめて多い）。色々あった結果として、Ａさんは「もう、理屈はどうでもいいから、たくさんちょうだい」という気持ちになってしまったのかもしれない。しかし、ここで、プッツンしてしまってはならない。なぜなら、「多い、少ない」というような「量的なこと」で左右されるようになったら、「私たちは、年金を△△△円にします」という政治家の思うつぼだからだ（どこかの政党のマニフェスト？？？）。

　この本は、Ａさんのような方たちに対しては、「好き、嫌いはあるかもしれないが、このような考え方でいけば、こうなる」という「考え方」の筋道を提供することをねらいとしている。そして、Ｂさんのような方たちに対しては、「結果」と「結果を得るための理屈」との関係を提供することをねらいとしている。その意味で、この本が大切にしていることは、①「具体的な結論」を導くにあたっての「考え方」を提供することであり、②結論を得るための「考え方」は一つではないということについての情報を提供することである。

　「むちゃくちゃ」のように感じられる結論であっても、その結論は、

議論の結果として「選択されたもの」であるし、そこでの議論には「それなりの理屈」があるのである。すなわち、具体的な「〇〇〇円」の正当性を支えているのは、「金額そのもの」ではなく、「結論としての金額」を出すにあたっての「理屈」なのである。したがって、議論の結果として承認されたものの中に含まれているものは、「〇〇〇円」という金額そのものだけではなく、そのような「〇〇〇円という結論」を得るための様々な理屈＝様式＝も含まれているのである。「複数ある理屈のうちからどの理屈が選択されるか」という意味では、以前のものとは異なる理屈が選択されることはある。しかし、それは、「選択された理屈が以前のものとは異なるものとなった」ということであって、「理屈」の中身自体が変容したわけではない。そのような意味で、私たちが注目しなければならないものは、コロコロ変化する「〇〇〇円という結論」ではなく、「〇〇〇円という結論」を得るための様々な理屈＝「様式」＝であり、「様式のありよう」なのである（「様式」なのかねぇーぇ？？？）。

[「新しい年金の額が〇〇〇円となる」ということは切実である］という気持ちは分からないでもないが、この本で考える「社会保障法」にとっては、それは二次的なことである。ここで二次的と言ったのは、「〇〇〇円という年金額」は、法改正によって、「×××円という年金額」に改訂されるということが生じるからである。そのような変容する年金額をいくら追いかけてもきりがない。ただし、年金額をいくらとするかについての「考え方」自体は、（様々な種類の「考え方」があるにしても）ころころ変化するものではない。変化するのは、様々な種類の「考え方」の中から、「結論」としてどの「考え方」が採用されるのかというという「部分」である。ということから、「ころころ変化しないもの」に目をつけることになる。そして、目を付けたものが「ころころ変化しないもの」であることから、そこにはルールがあるということになって、それを「法」とするわけである。ところが、どのようにして「目をつけるものを見つけるか」という方法には、いくつかの可能性がある。

イントロ　5

単純化して言えば、まず、「変化してほしくないもの」を見つけ出して、それを「ころころ変化しないもの」としてしまう方法があげられる。これは安易な方法といえば安易な方法である。そして、次に、あげられる方法は、歴史的過程を観察しながら「一定の法則らしきもの」を見つけ出して、それを「ころころ変化しないもの」とする方法である。

「社会保障法」とは？

辛抱強く読み続けていただいた読者の皆さんありがとうございます。さて、それを踏まえて、次に、この本でいう「社会保障法」とは何かということに、もう少し進むとしよう。読者の多くは、「社会保障法」とは「生活保護法」や「介護保険法」のことを意味していると思っていないであろうか。そのように思ってしまうと、［考える「社会保障法」］ではなくて、［記憶する「社会保障法」］ということになってしまうのである。じつは、この本でいう「社会保障法」とは、そのような「生活保護法」や「介護保険法」等の法律やそれらに付随する規則のことを意味しているのではない。この本でいう「社会保障法」とは、そのような「生活保護法」や「介護保険法」等の法律や規則、裁判の結論、人々の意識等を観察した場合、そこに共通して見られるような「考え方」を意味している。「考え方」というのは少し安易な表現なので、少し幅を狭くするとしたら、［「考え方」を生み出すことになるルール（考え方）］ということになる。

先ほど述べた［「〇〇〇円という年金額」は、法改正によって、「×××円という年金額」に改訂される］を思い出しつつ、もう少し述べてみよう。ここでいう「社会保障法」とは、［「〇〇〇円という年金額」について規定している「国民年金法」のことではない。「国民年金法」は法律ではあるが、「国民年金法」は「ころころ変化しないもの」ではない（事実、激しく法改正されている）。では、ここで用いられている「社会保障法」とはいったい何を意味しているのであろうか。ここでいう「社会

保障法」とは、[「〇〇〇円という年金額」を定める際に用いられた法的な「考え方」]を意味している。そして、[「〇〇〇円という年金額」を「×××円という年金額」に改訂する際に用いられる法的な「考え方」]のことを意味している。少し難しい表現を使うとすると、「社会保障法」とは、「歴史的に生成してきた具体的な法律や、裁判の結果として形成された判例等を通じて、認識・把握することができるようになった、独自性を持った規範の体系」ということになる。「独自性を持った規範の体系」を認識・把握できるということを言い換えれば、「誰が」、「誰に対して」、「どのような場合に」、「どのような」法関係にあるのか＝権利を有し、義務を負っているのか＝というような点で、(「売買について規律しているルール」や「相続について規律しているルール」というようなものに共通してみられる「考え方」とは異なる)独自の「考え方」があるということになる。何となくわかったような気がしたら、それで十分である。

[「考え方」で考える社会保障法] とは？

　締めくくりとして、[「考え方」で考える社会保障法] とは？　ということについて述べておこう。「介護保険法」という法律は印刷された形で条文として見ることができる(点字であっても、音声であっても同じことである。)。規則や運営基準まで含めると膨大な量である。その膨大な書かれたものに、すべての場合のことが書かれているか？　答えは？ Non である。従って、「問題となっている現実」を、「何らかの考え方」によって、条文に書かれていることの中に押し込めて結論を出さなければならないことが生じる。そこで登場することになるのが、「社会保障法」ということになる。

　「見たことがないもの」を見つけたとしよう。「昆虫か？」、「植物か？」どうしよう。その場合、みなさんたちは、「昆虫とは〇×△という特徴を持っているものである。」⇒「その点についていえば、見つけた妙なものは〇×△である。」⇒「したがって、見つけた妙なものは昆虫であ

る。」というような思考をたどることになる。結論はいずれであっても、結論を得るためになされていることは、「抽象化された昆虫というものについての解釈」、「具体的に採集したものについての解釈」である。少し単純化しすぎたかな。

　もうひとつ、[「考え方」で考える社会保障法] について説明を加えておこう。① 2004 年の年金関連法の改正を巡っては大きな議論があった。そして、②その当時、いわゆる「障害学生無年金訴訟」についてもマスコミや世論は、さまざまな議論を展開した。そこでなされた主張や議論は、①については、「払った分だけもらえるのか」というようなものであり、②については、「20 歳を超えた学生を強制被保険者としなかったのは、間違っている」というようなものであった。前者のような主張の中には、「払った分だけもらえないような制度に、強制的に加入させられるのは嫌だ」というものがあった。そして、後者のような主張の中には、「任意加入にしておいたのが間違いで、強制的に加入させる制度にすべきであった」というものがある。ここで問題となるのは、結果としては正反対である［前者の主張］と［後者の主張］が、同時に、そして、同一の主体からなされる場合である（実際によくみられる）。もし、そのようなことが生じるとしたら、そのような主張は、「損か得か」ということをよりどころとしてなされていることになる。そして、そこには、そのような「結果」になることについての「考え方」が不在であるということになる。「得であるから賛成する」ということと、「考え方に賛同できるので賛成する」ということを混同してならない。とはいっても、「あのときは、あのように考えるといって説得しておきながら、今度は、違う理屈で説得しようとしている。これの繰り返しだ。散々だまされたので、もう信用はしない。損か得かで考えよう。」という感情はわからないでもない。このようなことが繰り返されている場合、そこに欠落しているものは、対峙している対戦相手（A チームと B チーム）が約束された同じルールで試合をするという決まり事である。いくら「お

金持ちの子供さんのチーム」であっても、自分たちが攻撃するときには4アウトでのチェンジを求め、守備に回った時には2アウトでのチェンジを求めてはいけない。そのようなチームと試合をするチームはない。そうなると、「今度は、3アウトでチェンジ。両チーム共通のルール。ちゃんとするから」といくら叫ぼうと、「僕たちと試合をしてくれるチームがないんですぅ……対戦相手を探しているんです。お願いしますよぉ」と言われたって、「あなたたちのチームとは試合はしない」となってしまう。政治でいうなら、「どうせ、また、勝手にやるんだから……、もう政治はどうでもいい」という人々の政治離れの感覚がこれに当たる。政治家にとっての狙いはここにあるのかもしれない。

　ところで、対戦相手がいなくなった「お金持ちの子供さんのチーム」はどうなっただろうか。ようやく対戦相手を見つけた「お金持ちの子供さんのチーム」であるが、その相手チームのユニホームには「チームGOMASURI」と書いてある。ユニークな名前だ。[「ルールが不在である」というルール]に従ってくれる「チームGOMASURI」と試合を開始することになったのだ。ヒマなので、その様子を実況中継してみよう。①さあ、試合開始です（プレーボール9時AM）、②「チームGOMASURI」のピッチャー、ど真ん中に投げました、③「お金持ちの子供さんのチーム」のトップバッター、初球を打った。ボテぼて……です。（その後生じたことと言えば…）さて、「お金持ちの子供さんのチーム」のトップバッターは、その瞬間に、一塁方向に走らずに、ホームベースを踏んで「（両手を広げて）セーフ」！！！彼らが言うには「ベースはどこからでもいい。とにかく4種類踏めば、それで1点。踏む順番は決まっていない」ということになっているらしい。「チームGOMASURI」は監督以下総出で「ごもっともですとも」と合唱（合掌）する（コレ結構面白そう。二番バッターがバットを振るとき、ホームベースにいる人のことが心配……）。1回の表裏終わった時点（翌日の10時PM）で、「お金持ちの子供さんのチーム」380543点・「チームGOMASURI」0点。

「この本」の全体像

　「この本」の狙いは、[社会保障という制度を貫いている法的考え方はどのようなものなのか]ということについて考えることである。その意味で、「この本」は「介護保険法」などの個別の法律の内容に関して解説する教科書ではないし、資格のための暗記モノでもない。

　「法」としてどのような特徴を持ったものなのかについて考えるためには、「法」を構成している考え方を念頭に置いて、「法」の果たしている機能や役割からアプローチすることが求められる。もう少し具体的にいえば、「誰が」、「誰に対して」、「どのような場合に」、「どのような」関係にあるのか？　というようなそれぞれの点において、どのような独自の考え方があるのかを把握しなければならない。「この本」は、そのようなことについて、議論の素材となる様々な「場」を設定し、それを巡る[「考え方」によって考える]ことを介して、「社会保障法」というものが、どのような特徴を持ったものなのかを理解しようとするものである。具体的な構成は以下のような6部である。読む順序は、関心があるところからでかまわない。

　まず、第1部は、「この本」が対象としている[「社会保障法」とは何か？]ということについて考えるための導入部分である。[「社会保障法」とは何か？]ということを巡っては、さまざまな考え方がある。こだわりだすときりがないので、「この本」では、単純化して大枠だけを示して考えることにしている。

　次に、第2部で考えることは、そのような[「社会保障法」における「主体」と「その単位」]についてである。権利を有しているのは「誰」とされ、義務を負うのは「誰」とされるのか？　ということを巡る議論の場を様々に設定し、多角的に考えることになる。

　そして、第3部で考えることは、[「社会保障法」における「出来事」]

についてである。「どのような場合」に？　ということを巡る議論の場を様々に設定し、「社会保障法」がどのような独自性を有しているのかを考えることになるのが、第3部ということになる。

第4部では、[「社会保障法」における「給付」・「費用」／「権利」・「義務」]について考えることになる。いわは、「何」を？「どのような具合」に？　ということを巡る議論の場を様々に設定し、「社会保障法」がどのような独自性を有しているのかを考えることになる。

さらに第5部では、[「社会保障法」における「圏域」・「空間」]について考えることになる。「どこ」で？　ということを巡る議論の場を様々に設定し、「社会保障法」がどのような独自性を有しているのかを、様々な角度から考えることになる。

第6部では、全体をまとめるために、「応用問題」を幾つか設定し、独自性を有する「社会保障法」について考えることになる。

この本で「考えること」の具体的な構成（全6部の全体像）

第1部　社会保障法とは（導入）
　　　――「社会保障法」を巡る考え方で考える――

第2部　「主体」と「その単位」について
　　　――「誰が」を巡る考え方で考える――

第3部　「出来事」について
　　　――「どのような場合に」を巡る考え方で考える――

第4部　「給付」・「費用」／「権利」・「義務」について
　　　――「何を」「どのように」を巡る考え方で考える――

第5部　「圏域」・「空間」について
　　　――「どこで」を巡る考え方で考える――

第6部　「社会保障法」を巡る考え方とは（まとめ）
　　　――「応用問題」で考える――

第 1 部

社会保障法とは（導入）
――「社会保障法」を巡る考え方で考える――

第1部の全体像

　第1部では、「この本」の全体で考える対象となっている[「社会保障法」とは何なのか？]ということについて考えることになる。気をつけなければならないことは、ここで使用される「社会保障法」という用語が、例えば、「介護保険法」という法律のように、具体的な条文という形で存在しているものを意味しているのではないということである。しかし、具体的な形で存在していないものを認識することができるのであろうか。もっともな疑問である。そのような疑問について対応することを、第1部の内容とした。

　眼前の「犬のような、猫のような」生き物を指差して、あれは、「犬である」と思ったとしよう。その時あなたは、抽象的な意味での「犬というもの」を念頭に置いている。小さいときから教えられてきた「犬というもの」の特徴や、見てきた「具体的な犬とされているもの」に共通している独自性を手がかりとして、（ネコではない）「犬とはこのようなものだ」という「抽象的な犬」を念頭に置いて、具体的な「目の前の生き物」について、犬か猫かの結論を出したのである。ただ、この場合は、素人考えでイメージしているわけであるから、生物学的には正しくない結論であるかもしれない。

　このような作業を「社会保障法」を把握する作業に当てはめてみると、①まず、「社会保障」という現象に法的側面から光を当てて、②「社会保障法」を、まさに「社会保障法」たらしめている独自性＝独自の権利・義務関係（誰が、誰に対して、どのような場合に、どのような権利を有し、義務を負うのか、という関係）を把握する作業ということになる。このようにして認識・把握された「社会保障法」というものは、社会保障関係の様々な法律を寄せ集めた集合体と同じものではない（これはとても大切だ!!）。

　社会保障法研究は、このことを意識してなされることになるが、方法は大雑把に言って二分される。一つ目は、憲法25条の生存権を核とし

て、そこから独自の法としての「社会保障法」を構築するというものである。もう一つのものは、具体的な法律等の生成過程を観察し、その中にみられる法的独自性を把握するというものである。実際には、これら二つの方法を融合したものが大半を占めている。いずれにしても、ウェイトの置き方によって、具体的な場面においては、それぞれが特徴のある論を展開することになる。「この本」では、第2番目の方法に依拠して「社会保障法」を把握することになる。具体的には、各種の法律が制定され、また、度重なる法改正を経る歴史的過程を介して、さらには裁判の結果を介して、限定的であった法主体が普遍的な法主体へと展開する過程をとらえ、個々の限定された給付内容から普遍的なものへの展開を跡付けるという方法をとることになる。その理由は、「特殊なもの」が普遍化し、さらに、「その普遍化したものが有する独自性」が普遍化するという、歴史的過程の積み重ねのうちに、「社会保障法」という独自の法の認識が可能となり、さらに体系化が可能となると考えられることにある。不可欠なのは、それぞれの時期において、特殊性を帯びたものとしてあらわれる法的世界を、その時点での普遍性を有するものとして構成する作業である。

第1部の具体的な構成
第1章　「考えること」の「対象」について考える
第2章　[「対象」の出現] について考える
第3章　日本の経緯から考える（1．戦前・戦時）
第4章　日本の経緯から考える（2．戦後）
第5章　現代日本の具体的事例を巡る考え方

「考えること」の「対象」について考える

テーマの設定

[「考えること」の「対象」について考えること]は二つある。

一つは、「考えること」の「対象」についての取り掛かりを付ける方法についてである。その場合に役に立つのは、「何の変哲もないこと」や「誰でも知っていること」を素材として、「結論としてそのようになったもの」を構成している法的な考え方を探りだすことである。重要なことは、「具体的な負担」や「具体的な給付」に注目することではない。重要なことは、私たちの目の前に、条文のような形で姿を現した「それら」が、幾つかの「考え方」の力学の結果として存在しているということに気づくことである。これを踏まえるなら、法改正があったとしても、それに耐えうる議論の方法が身につく。

もう一つは、「社会保障法」とはどのようなものなのかについて、「抽象化された枠組み」によって考えるということについてである。「社会保障法」とはどのようなものなのかを考えるにあたって、「抽象化」という作業は不可欠である。その「抽象化」とはどのようなことなのかについてはたびたび述べてきた。そして、その重要性についてもたびたび述べてきた。何度も読んで、何度も考えて、自分の言葉で説明できるようになっていただきたい（頑張ってください!!）。

この章で考えることの道筋
I　目　的
II　[新しい法律に見られる考え方]からの接近
III　[法律の改正に見られる考え方]からの接近
IV　[裁判例にみられる考え方]からの接近
V　[議論に見られる考え方]からの接近

1.1.1 目的──[「対象」としての「社会保障法」を確定させる]こと

　[「考えること」の「対象」について考えること]によって、考える[「対象」としての「社会保障法」を確定させる]ことが、ここでの目的である。机の上の法令集によって、確かに、「生活保護法」や「介護保険法」等は、（法改正はあるとしても）具体的な条文として確認できる。ところが、「この本」で「社会保障法」と呼んでいるものは、そのような形で存在している「生活保護法」や「介護保険法」等ではないし、それらの法律の集合体でもない。「この本」では、それらは「社会保障に関する法律」と呼んでいる。確かに、「社会保障に関する法律」は質・量ともに整備された。しかし、個別の「社会保障に関する法律」が、日常的なすべての場合に対応できるようにはなっていない。そこに「社会保障法」の存在意義があるのである。

　「年金」に関しての裁判では、①「年金に関する法律」に規定されていること自体が争いになることもあるし、②規定されていないことを巡って起こされる場合もある。そのような場合、A.「具体的な法律」について理解していること、B.「生じた現実」を法的に構成すること、C.「条文に書かれていることを解釈する」ための法的な考え方、が必要となる。いくら、「具体的な法律」についての知識があったとしても、「対応しなければならない具体的な状況」が、「条文」に当てはめ可能かどうか、疑わしい場合もありうる。そのような場合、私たちは、「条文」に書かれていることを解釈して現実に当てはめたり、「状況」を解釈して「状況」を「条文」に当てはめようとする。その際に動員されるものが、C.に該当する「抽象的な法的な考え方」である。「この本」で「社会保障法」と呼んでいるものは、具体的な法律や裁判の結果を貫いている「抽象的な法」であり、個々の「社会保障に関する法律」でもないし、さらには、その集合体でもない。

［新しい法律に見られる考え方］からの接近

　私たちが社会保障関係の諸給付を受給するのは、「ある事柄」が発生した場合や、「ある状態」となった結果である。その場合、その「ある状態」（例えば「要介護という状態」）は、私的に対応すべき状態という性格のものではなくなり、社会的なサービスや社会的な費用によって対応がなされるべき状態のものに変容している。しかし、「要介護状態」という状態に社会的に対応する制度を作るとしても、考え方は二つに分かれる。一つは、「要介護という状態自体」を「保障の必要な状態」と考える考え方であり、もう一つは、「要介護状態に対応する費用の支出」を「保障の必要な状態」と考える考え方である。前者のように考えるなら、給付は「サービスの現物」となるし、後者のように考えれば、給付は「サービス購入のためにした支出の補てん」となる。

　「保障の必要な状態」というと漠然としているように感じられるのなら、これを「保険事故」に置き換えて、具体的な法律をみてみると事柄が明確になる。確かに、介護保険という制度（2015年の時点）では、「被保険者の要介護状態」は保険事故とされており、それに対して「介護給付」が保険給付としてなされることになっている。しかし、ここからが複雑である。なぜなら、①「被保険者の要介護状態」について「介護給付がなされる」ということと、②「介護という現物が給付される」ということは同義ではないからである。

　介護保険法を見ると、すべての介護給付が「・・・費の支給」となっている。健康保険制度に見られる「療養の給付」という「現物給付」とは異なる形態の給付がなされることになっているのである。介護保険制度は、介護のサービスを、さまざまな商品と同じように位置づけ、購入されたもののうちで、諸要件を満たしたもののみについて、金銭による「償還」という給付方式を作り上げたのである。

1・1　「考えること」の「対象」について考える　　19

［法律の改正に見られる考え方］からの接近

　健康保険制度の「入院時食事療養費」という給付を手がかりにしてみよう。これは平成6年の法改正によって創設されたものである。

　あなたと友人が、全く同様の「骨折」をしたとしよう。あなたは自宅で療養しており、お昼御飯を近くのコンビニで買ってきた。他方、入院した友人は病室でお昼ご飯を食べていた。はたして、あなたと友人の食べた食事は保険給付の対象とされるのであろうか。可能性は、①「両方とも自費とする」、②「両方とも保険給付とする」、③「入院の場合については保険の対象とする」、④「自宅の場合だけ保険給付とする」ということになる。このような結論の分かれ目は、どのような考え方から出てくるものなのであろうか。①の考え方は「骨折時の食事は治療とは関係ないので自費で」である。②の答えを導く考え方は「けがをした場合は療養の場所を問わずに、保険で面倒を見る」である。③の答えを導く考え方は「入院の場合は保険で面倒を見る」であり、④の答えを導く考え方は「自宅療養は大変だから保険で」である。

　ところが、その友人が、内臓の疾患で入院しており、減塩などの「食事療養」が必要な状態であったらどうであろうか。ここでは、前に考えたこととは異なる考え方が出てくることとなる。それは、療養の一環としての食事という位置づけである。ただし、「お米」、「水」などは通常のものを使用しているとしたらどうだろう？　そうすると、「お米」、「水」などの「基本」となる部分は、傷病の状態とは関係ないので、私的に負担してもらおうという考え方も出てくる。

　「入院時食事療養費」の創設が私たちに教えてくれるものは、「傷病による入院」という「ひと固まりのように見える出来事」であっても、その中には、「私的に負担すべき（とされる）部分」と「社会的に対応すべき（とされる）部分」が混在しているという考え方である。

［裁判例にみられる考え方］からの接近

　あなたは、年金（保険）についてどのように考えているだろうか。①払っていてももらえそうにないので、できれば加入したくない。②加入したい人だけ加入すればよい。③有無を言わず、強制的に加入させるべきだ。それぞれの結論には、それなりの考え方がある。結論が分かれるのは、加入に伴う権利と義務との関係が影響している。もし、長期間にわたって負担しなくても給付してもらえるとしたら？　そんなバカな……と思うかもしれないが、そのようなことは生じる。年金（保険）というと、老齢（基礎・厚生）年金を思い起こすことが多いだろうが、その他にも、障害（基礎・厚生）年金、遺族（基礎・厚生）年金が存在する。後者について言えば、それは、「被保険者（「被保険者であった者」を含む）が死亡」した場合に、いくつかの要件を満たしている遺族に給付されるものである。これについては、長期間の「納付済み期間や免除期間」を必要としない。給付の基礎にある考え方は、「所得の保障が必要な状態が生じた場合に給付される」という考え方である。

　そこで、あなたに質問を一つ。もし、［無理に「被保険者」とならなくてよい］という法律の状態だったとしたら、あなたは、「払っていてももらえないかもしれない」ので、加入しないと考えるだろうか？　あるいは、もし、先ほど述べたようなことが事前に分かっていたら、もちろん「加入する」となるかもしれない。いわゆる「障害学生無年金訴訟」には様々な形のものがあるが、重要なことは、「強制被保険者」とされなかったことについて、本質的な問題を提起したことである。

　留学生についていえば、確かに短期の在日期間であり「老齢（基礎・厚生）年金」の受給に結び付きにくいものではあっても、手続きをせず、放っておくことは危険である。なぜなら、「障害」についての年金、「遺族」についての年金受給と結びつく可能性があるからである。

1・1　「考えること」の「対象」について考える　　21

[議論に見られる考え方] からの接近

　ここで取り上げるものは、2004年頃の同じような時期に存在した「年金」を巡る議論についてである。具体的には、①いわゆる「障害学生無年金訴訟」と、②「払った分だけもらえるのか」という考え方を併せて考えてみることになる。そうすると、面白いことが見えてくる。ここで注目しなければならないことは、社会保険に加入することの「任意」と「強制」という対立する質的な考え方が、同時期に存在していることである。前者にあるのは「強制的に被保険者とされなかったこと」についての「強制被保険者」としてほしかったという考え方であり、後者にあるのは、「強制的に被保険者とされていること」についての「強制被保険者」としてほしくないという考え方である。

　2004年の年金大改正を巡る大きな議論、そして、その後の「消えた年金」、「宙に浮いた年金」については、メディアやにわか仕立てのコメンテーターが、「払っただけもらえるのか」というような損得勘定論をあおりたてた。「払っていてももらえないなら、払うのが馬鹿らしい」、「もらえない可能性があるのなら、強制的に加入させられるのはおかしい」というような発言まであった。

　ここで、私たちが考えなければならないのは、①「私たちが加入し、負担しているのは、何のためなのか」ということについてであり、②「私たちが受給できるのは、どのような理屈を土台としているのか」ということについてである。それらについての考え方がぐらついてくると、ある場面では「加入させなかったことを問題視」する発言となり、別の場面では「加入したとしてももらえないことを問題視」するというように、「ダブルスタンダード」が表面化してくることになる。このような「ダブルスタンダード」は、逆手に取られてしまうと「いずれにしてももらえない」という結論になってしまうことがある。

[「対象」の出現] について考える

テーマの設定

[「対象」の出現] について考えること] は、大まかにいえば3つある。

一つは、以前にも少し述べたが、「この本」全体の前提となる「社会保障法」という用語法と「社会保障関係の法律」という用語法との関係についてである。

二つ目は、①個別の「社会保障関係の法律」が生成するようになる歴史的背景についてであり、②そのような歴史的な社会の変容が法の世界ではどのようなことを生じさせたかについてである。よく使われる表現として「市民法から社会法へ」というようなものがあるが、そのようなことについて考えることとなる

そして、三つ目は「特殊と普遍」の繰り返しについてである。ある時代の社会を規律していた「法（的考え方）」のなかに、それらとは考え方が異なる「特殊な法律」が登場し、さらに、そのような特殊なものが複数になり、[「特殊なものの中に共通して見られる普遍性」を確保するにいたる] ことの過程について考えることになる。厄介なのは、「共通して見られるようになった普遍性」が、その時代の法の状況の中では「普遍化したものに見られる特殊性」を保有して存在しているということについての理解である。

この章で考えることの道筋
I　目　的
II　「社会保障法」と「社会保障関係の法律」
III　近代市民法の登場
IV　「市民法」から「社会法」へ
V　[特殊なものの普遍化] という過程

1.2.1 目的——「社会保障法というものの出現について考える」こと

[「この本」で「対象」としている社会保障法というものの出現について考えること]が、この章での目的である。私たちは、「社会保障法」ということについて、なんとなく「あのようなもの」ということで理解しているし、種々の「社会保障関係の法律」についても、内容については正確に説明できなくても、「介護保険法」や「生活保護法」が存在していることについては知っている。問題となるのは、「社会保障法」という名前のついた法律がないのにもかかわらず、なぜ、「社会保障法」という用語を使っているのかということである。たぶん、「民法」や「刑法」の仲間として「介護保険法」や「生活保護法」を位置付けることをせずに、「民法」や「刑法」とは異なる質的な要素を持っているものが存在していると考えているのであろう。

では、なぜ「社会保障法」という用語で説明される「法」や、「社会保障関係の法律」が存在するようになったのであろうか。どうでもいいことのように思えるかもしれないが、その背景を歴史的に知っておくことは大切なことである。なぜなら、その理屈を知っていることによって、はじめて、「現代のありよう」を法的に説明できることになるからである。言い換えれば、その理屈を知らないならば、「現代の具体的な変容」についての法的説明は不可能である。さらに重要なことがある。それは、背景を歴史的に知っておくことが、「結果として生じた過去の変容（という事実）」について、「Aという考え方」、「Bという考え方」、「Cという考え方」の相互関係の結果として生じたものであるという具合に説明することを可能とするということである。実は、このような方法は、過去のものだけではなく、「現在進行中の変容」や「将来生じることになる変容」についても、複数の法的考え方の相互関係の結果として説明することを可能とするものなのである。

「社会保障法」と「社会保障関係の法律」

「この本」では、「社会保障法」と「社会保障関係の法律」という用語を使用している。このような紛らわしいことをしている理由は何であろうか。そのことについて考えるのが、ここでの課題である。前にも少し触れたが、わざわざこのようなことについて触れるのは、「社会保障法」と「社会保障関係の法律」との関係について、しばしば混乱が生じているからである。結論的に言えば、「社会保障法」とは、①従来の法体系から見た場合に、極めて特殊であったり、例外的であるような法現象（法律の制定・裁判・法意識等）が歴史的に発生し、②そのような歴史的生成過程の繰り返しにより、③結果として生じることになる権利・義務の主体や、権利・義務の内容などにみられる、法的普遍性を把握して命名したものである。ここでなされていることは、生じた法的特殊性に見られるもののうちに法的な普遍性をとらえる作業である。他方、「社会保障関係の法律」とは、「介護保険法」や「生活保護法」などの、社会保障に関係する個々の法律（又はその群）である。したがって、「介護保険法」や「生活保護法」などの個々の「社会保障関係の法律」について疑義が生じた場合の解釈等は「社会保障法」の立場からなされることとなる。結論的に言えば、「社会保障法」とは、従来の法体系から見た場合に、極めて特殊であり、例外的である法現象（法律の制定・裁判・法意識等）が歴史的に生じ、そのような歴史的生成過程が繰り返されることにより、結果として生じる普遍的な法主体・法関係・給付内容などをとらえ、その特殊性自体を独自の法原理を有するものとしてとらえることによって得られる法の体系である。

大切なことは、「社会保障関係の法律」を寄せ集めて整理したとしても、それは、「社会保障法」ということにはならないということを理解することである。

近代市民法の登場

　まずは、「近代市民法」ということから始めよう。近代市民社会の成立以前、「物を巡る関係」についても、「人々の相互関係」についても、多くのことを規律していたのは「身分」であった。近代市民革命によって、人々はそのような封建的、身分的束縛から解放された。封建的、身分的拘束から解放された人々は、レッセ・フェール（自由・放任）の状態に置かれたのである。そのような近代市民社会の基本的考え方を「法の世界」へと反映させたものが「近代市民法」と呼ばれるものである。法主体についていえば、それは、（近代市民社会が予定する、自由で平等な立場にたって理性的な判断が可能な者以外の特定の者を除き）平等で抽象的な存在とされたのである。だれもが平等なチャンスをもっており、能力を持っているということを前提として作られた「法の世界」では、所有権絶対と契約自由の原則が中心的な価値となった。われわれがよく耳にする、いわゆる、「身分から契約へ」はこれを意味しているのである。

　個人活動の自由の保障は、「個人が、多くの機会の中から自由に選択したのであるから、その責任はその個人が負うべきである」という個人責任の原則（＝個人の責任に関して社会や国家は介入すべきでないという原則）につながることとなる。このような個人責任の原則を貫徹しえた者は、商品の所有者としての市民のみであった。結果として、「現実の世界」では、生産手段を有する一部の者と、労働力という商品のみを所有している労働者とが存在することになる。しかし、「近代市民法の世界」は、誰もが自由で平等な立場にあるというものである。労働者の有する自由は、呈示された条件が気に入らなければ「契約を締結しない」というものでしかなく、それは、結果として「飢えて死ぬ」という自由でしかなかったのである。

「市民法」から「社会法」へ

　資本主義社会が進展する過程において、個人責任の原則は貫き得なくなってきた。労働災害の多発や児童・女子をふくめた労働力の磨滅などについては、個々の労働者や個別の使用者の責任を超えて、「社会的に対応すべき問題」であるという考え方が芽生えてくる。もちろん、労働者達の争議も多発した。すなわち、個人の財産や収入によって生活することができない者については、社会や国家が何らかの形で対応することが必要であると考えられるようになってきたのである。国家の機能としては、「夜警国家」から「福祉国家」へという意義付けがこれにあたる。初期的には、労働時間の規制、女子・年少者の保護規定などが19世紀の中頃以降に芽を吹き始め、労働基準法の前身的なものが登場したのである。ここにあるのは、「働く人々」と「働く人々を受け入れる人々」の間でなされた合意については、当事者の自由意思を超えた国家意思が契約内容を規制するという状態である。「労働者」と「使用者」の立場を実質的に平等にするという観点から、「労働者」の団体や集団的な行動は、「取り締まりの対象」から「法的に承認されるもの」となった。

　同時に、労働力の確保、再生産という観点から、「労働災害に関する法制」、「労働者やその家族の傷病に関する法制」も見られるようになってきた。これらが「社会保障関係の法律」の初期的なものである。「初期的社会立法」の歴史過程には、各国の歴史的、経済的事情により差があることは事実である。日本やドイツでは、いわば上からの法制化の色彩が濃いのに対して、イギリスやフランスでは、労働者達の自主的な組織化が法制化に強い影響を及ぼしたといえよう。いずれにしても、このように芽を出した初期の社会立法は、その後、「権利・義務の主体」と「権利・義務の内容」という両面において、拡大、普遍化を繰り返し、今日に至っている。

［特殊なものの普遍化］という過程

「医療の保障」を例に取り上げて、［特殊なものの普遍化］について考えてみることにしよう。

日本では、1922年に「健康保険法」（法70）が制定された。それ以前は、極めて貧困な人々や流行病の人々への救療制度が限定的に存在していただけである。当初の健康保険法は、強制被保険者を「工場法ノ適用ヲ受クル工場又ハ鉱業法ノ適用ヲ受クル事業場若ハ工場ニ使用セラルル者」とし、臨時に使用される者や年間の報酬1200円を超える職員は除いていた。家族の傷病に関する給付はなく、業務上・業務外の両者の傷病を給付の対象としていた。療養の給付は、同一の負傷、疾病について180日を限度とし、「処置、手術其ノ他ノ治療」については一回20円を限度としていた。その後、健保法は、強制被保険者を拡大し、結核性の疾病については給付期間を一年に延長し、一回20円という制限をなくした。これに併行して、職員健康保険法、船員保険法が制定され、医療の給付を受けるものは拡大していった。そして、国民健康保険法（1938年、法60）の制定によって、医療の給付を受ける対象者は非労働者層にまで拡大された。さらに、家族の傷病に対しての補助金の給付を定めた健保法の改正（39年・法74、40年・勅373）、家族療養給付に対する二分の一の法定給付を定めた改正（42年・法38、勅826）もみられた。戦後は、いわゆる「国民皆保険体制」が達成されるに至っている。

限られた労働者に対して、限定的な医療を給付していたものが、制度の改変と新しい制度の創設によって、「国民皆保険体制」というものへと結実し、今日では、社会保険制度によるもの以外に、生活保護による医療の給付や社会福祉制度による医療の給付も存在するに至り、個別の制度の歴史的経緯が「医療保障」という普遍的なものを認識させることとなった。

日本の経緯から考える（1. 戦前・戦時）

テーマの設定

「社会保障法」とはどのような特徴を持ったものなのかについて、日本の歴史的経緯、とりわけ、戦前、戦時体制下の経緯から考えることが、この章を通じてのテーマとなる。

社会保障というと、第二次大戦後の新しい憲法ができたのちのことと考えがちである。しかし、実際の歴史を見てみると、そう簡単に片づけることができないことが分かってくる。なぜなら、現在の健康保険法は1922年に制定されたものが原型であるし、厚生年金保険法も戦時体制下にできた「労働者年金保険法」とその後の「厚生年金保険法」が原型となっているからである。そうなると、次のような疑問が出てくる。戦前、戦時下の制度は現在のものと連続しているととらえるべきであろうか、それとも、全く異なっているととらえるべきであろうか。この「問い」に対する「答え」は、「どちらでもよい」ということになりそうである。なぜかと言えば、どちらの「答え」であっても、ある程度の説明は可能であるからである。筆者自身は、（どちらかといえば）連続していると考えている。なぜそのように考えているのかは、本章を読んで考えていただきたい。

この章で考えることの道筋
I 戦前・戦時の医療保障——健康保険法の登場
II 戦前・戦時の医療保障——その後の展開
III 戦前・戦時の所得保障——労働者年金保険法の登場
IV 戦前・戦時の所得保障——その後の展開
V 戦前・戦時の公的扶助——一般的な救貧制度と特殊な部門の救貧制度

戦前・戦時の医療保障——健康保険法の登場

　医療保障については、はやくも明治期に幾つかの大企業や官業についての共済組合が先駆的な試みを実施していた。ただ、本格的な意味において、医療保障の前身的形態のものが誕生するのは、大正11年（1922年）の健康保険法の制定ということになる。制定当初の健康保険法は、強制被保険者を「工場法ノ適用ヲ受クル工場又ハ鉱業法ノ適用ヲ受クル事業場若ハ工場ニ使用セラルル者」としていたが、臨時に使用される者や年間の報酬が1200円を超える職員は除かれていた。給付については、家族に関するものはなく、業務上・業務外の両者の傷病を給付の対象としており、療養の給付は、同一の負傷、疾病について180日を限度とし、「処置、手術其ノ他ノ治療」については、特別の場合を除き一回20円を限度としていた。保険者は、政府と健康保険組合とされた。

　これらのことからもわかるように、当初の健康保険制度は、重要な基幹産業で働く労働者の労働力の確保を目的としたものであったということができよう。列強諸国との競争に伍するためには、限られた財源で、とにかく重厚・長大産業に従事する労働者の労働力を安定的に確保することが必要であったのである。当時の日本の置かれた状況はそのようなものであった。

　ホワイトカラーの職員、農業や漁業に従事する人々、自営業者、そして、鉱工業労働者の家族が医療保障の枠組みに入るのは、健康保険法が制定されてからしばらくたってのことである。

　制定当初の対象者数は、政府管掌健康保険、組合管掌健康保険の両者をあわせて180万人程度と限定された規模のものであった。

戦前・戦時の医療保障——その後の展開

　健康保険制度が創設されたのち、健康保険法は、1934年、41年、42年と強制被保険者を拡大した。あわせて、年間の報酬による除外も1800円（42年）、2400円（44年）と緩和されることとなった。さらに、結核性の疾病については給付期間を1年に延長し（39年・法74、40年・厚令19）、「処置、手術、其ノ他ノ治療」についての1回20円という制限をなくしている（42年、勅35）。

　健康保険法の改正と併行してなされた新しい法律の制定により、医療の給付を受ける人々は拡大していった。それらは、職員健康保険法（39年・法72）、船員保険法（同年、法73）等である。適用対象を非労働者層に拡大したという点で注目すべきは、国民健康保険法（1938年・法60）の制定である、さらに、家族の傷病に対しての補助金の給付を定めた健康保険法の改正（39年・法74、40年・勅373）、家族療養給付に対する二分の一の法定給付を定めた健康保険法の改正（42年・法38、勅826）も、医療の給付を受けることが出来る者を、限定された労働者や勤労者から国民的な規模にまで拡大していったものとしてみることができよう。

　ここで重要なことは、このような歴史的な過程をどのようなものとして見るかである。方法は、大きく言って二つある。一つは、個別の制度の生成と経緯を追うという方法であり、もう一つは、このような過程を「医療の保障」という観点のもとに再構成するという方法である。もちろん両者の組み合わせが求められるが、「社会保障法」という観点からすれば、基本的筋道は後者にあることとなる。

　限定された労働者から出発した「医療の保障」であったものの、1944年の段階では、各種の医療保険の適用を受ける者は5000万人にまで達している。

戦前・戦時の所得保障——労働者年金保険法の登場

　所得保障の先駆的なものは、明治初期の陸軍恩給令、海軍恩給令、官吏恩給令、さらには、それらを改正、統合した官吏恩給法（1890年、法43）、軍人恩給法（同年、法45）等の官吏や軍人の扶助料制度や恩給制度等にみることができる。一般労働者については、前述した船員保険法が海上労働者の医療保険とともに、総合的な社会保険として年金制度を創設することとなった。しかし、官吏や軍人についての制度と比べれば、制定は50年も後のことであった。

　1941年に「労働者年金保険法」が創設される以前で、注目されるべきは、「退職積立金及退職手当法」（1936年・法42）である。これは、常時50人以上の労働者を使用する「工場法の適用を受ける工場」・「鉱業法の適用を受ける事業場」に適用されるものであった。制度の概要は、労働者の賃金の100分の2を労働者に代わって事業主が退職積立金として積み立て（11条）、事業主はそれに相当する額を退職手当積立金として積み立て（16条）、一定の要件を満たした場合に退職手当を支給するというものである。簡単にいえば、労働者の賃金の一部分を安全で確実なところに積み立てさせる義務を事業主に対して負わせ、一定の要件を満たした場合に退職手当を支払う義務を負わせるというものである。

　労働者の私的な財産である賃金の一部分を労働者に代わって積み立て、事業主もほぼ同額を積み立てるというもので、今日ではあまり驚くべきことではないかもしれない。しかし、事業主の義務としてそのようなものを［国の法律によって創設した］ことにより、私的な賃金というものに国家が介入するという年金制度の基礎が出来上がったのである。大企業における恩恵として私的に行われていたものを、国家による強制的なものとして作り上げたわけである。

戦前・戦時の所得保障——その後の展開

1941年には陸上労働者のための労働者年金保険法（法60）が制定された。1922年に制定された健康保険法と同様に、被保険者は重要基幹産業に従事する労働者とされたが、「女子」や「帝国臣民ニ非ザル者」は被保険者とされないこととなった。保険者は「政府」であった。保険事故は、「老齢」、「廃疾」、「死亡」、「脱退」であり、保険給付は「養老年金」、「廃疾年金・廃疾手当金」、「遺族年金」、「脱退手当金」であった。この労働者年金保険法は、44年には厚生年金保険法と改称され、「女子」も被保険者となった。

この時期に年金保険制度が創設されたことには、様々な説明がなされている。一つは、当時の労働者の労働移動に対しての足どめ策（＝長期間勤めることで年金に手が届くようになる）であったという説明である。さらに、高齢による退職、障がいという状態、死亡したのちの遺族の生活等について、労働者たちが心配せずに働ける環境をつくるということも念頭に置かれていたと説明される。それらに加えて、よくなされる説明は、次のようなものである。すなわち、年金保険制度は、創設時には保険料収入があるのみで、年金給付の開始はしばらく後のことであることから、厚生年金保険法は戦費調達のための立法であったという説明である。これらのうちで、どれか一つを理由とするというよりも、それらのミックスされたものと考えた方がよいであろう。

「女子」が被保険者でなかったことは、「女子」が「差別」されていたと安易に考えるべきではないであろう。当時の議事録などを見れば、大切な「家制度」をいかに守るのかが議論されており、戦争末期の1944年の法改正でも、「女子」を被保険者にすることについては、「労働力確保」と「家制度」維持との間で議論は揺れている。

1・3 日本の経緯から考える（1. 戦前・戦時） 33

戦前・戦時の公的扶助
―― 一般的な救貧制度と特殊な部門の救貧制度

日本における公的扶助法制の生成と展開は、「一般的な救貧法制」と「特別な部門におけるソレ」とに二分して捉えることが出来る。

一般的な救貧法制は、「恤（じゅつ）救規則」（1874年、太政官達162）から「救護法」（1929年、法39）への流れにみることができる。

恤救規則の特色は、済貧恤救（＝貧しい人の救済）を国の責任で行うものではなく、「人民相互ノ情誼」（＝人々が互いに助け合うという思いやりの感情）により行うという前提にたっていた点にみることができる。その前提のもとで、極貧で独り身の労働能力のない者を「目下難差置無告ノ窮民」として救済するというものであった。恤救規則のあとをうけたものが、昭和4年の救護法であり、1932年に実施された。恤救規則と比べて救護法は、救済対象を拡大したものとなった。保護の内容も豊富になり、市町村の責任もある程度明確にするものではあったが、今日の私たちが知っている受給権の保障はなく、未だ、十分なものではなかった。

これらの一般的救貧法制の不十分性を補足していたものは特殊な部門での救貧法制である。例を挙げるなら、①伝染病予防法（1897年、法36）、北海道旧土人保護法（1899年、法27）、結核予防法（1919年、法26）、母子保護法（1937年、法19）、医療保護法（1941年、法36）というような警察行政的・公衆衛生的法規や取り締まり的法制であり、②さらには、廃兵院法（1906年、法29）、軍事救護法（1917年、法1）というような軍事関係の法制であった。これらのことを総合して考えるなら、「貧困という状態」は、「貧困それ自体」が問題とされるものとして存在していたのではなく、「社会的不安」を引き起こす可能性のある事柄との関係でとらえられていたということが出来る。

日本の経緯から考える（2. 戦後）

テーマの設定

「社会保障法」とはどのような特徴を持ったものなのかについて、日本の歴史的経緯、とりわけ、戦後の経緯から考えるのが、この章を通じてのテーマとなる。

戦後の社会保障関係の制度が出来上がっていく経緯については、以下のように5つの時期に区分することが理解を容易にするであろう。まずは、①戦後間もなくの時期についてである（昭和20年代）。この時期は、制度的に見ても、戦後処理的な色彩が濃い。そして、②今日的な社会保障の基礎を作った「国民皆保険」と「国民皆年金」が達成された時期である（昭和30年代初頭から30年代後半まで）。さらに、③ほんの一瞬であるが、社会福祉関係の制度の展開の時期がある（30年代後半）。その後にやって来るのが、④社会保障の見直しの時期（前半）であり、⑤今日に至る社会保障の見直しの時期（後半）ということになる。④と⑤は分離しなくてもよいのかもしれないが、両者の間には、社会保障の見直しについて、質的に異なる要素が含まれている。

このような制度的経緯の過程で、独自の法的特色を持った「社会保障法」が形成されることとなるわけであるが、まずは、実際に生じた制度的経緯についてしっかり見ておこう。

この章で考えることの道筋
Ⅰ　戦後間もなくの状況
Ⅱ　国民皆保険と国民皆年金の達成
Ⅲ　社会福祉制度の展開
Ⅳ　社会保障の見直し①
Ⅴ　社会保障の見直し②

1.4.1 戦後間もなくの状況

戦後日本の社会保障の基本的方向性は、日本政府と G.H.Q. との文書の往復によって徐々に定まっていった。その過程で定まった基本的方向性の中には、無差別平等性や国家による統一的責任という、社会保障が展開するにあたっての重要な考え方があった。

1946 年には、「(旧)生活保護法」が制定され、「日本国憲法」も制定された。憲法がその 25 条で「①すべて国民は、健康で文化的な最低限度どの生活を営む権利を有する。②国は、すべての生活部面について、社会福祉、社会保障及び公衆衛生の向上及び増進に努めなければならない。」と規定したことは画期的なことであった。

47 年に、労働者災害補償保険法が制定されたことにともない、健康保険法は私傷病のみを対象とするものに改正された。同じく健保法では、適用事業所の拡大が行われ、「療養の給付」の期間を 3 年に延長する等の改正が 53 年になされた。48 年には国民健康保険法が改正され、市町村公営を原則とすることとなった。さらに、53 年には、健康保険法の対象外とされてきた日雇労働者について、日雇労働者健康保険法が制定された。

所得保障については、戦前、戦時からの法律の部分的改正や戦後の全面改正(厚生年金保険法、54 年)等がおこなわれている。

公的扶助については、46 年に「(旧)生活保護法」が制定された(法17)。初期的な社会福祉法制として、47 年に「児童福祉法」(法164)、49 年に「身体障害者福祉法」(法283)が制定されたが、これらは戦後処理との関係を色濃く持ったものとして制定されたといえる。また、51 年には社会福祉の全分野についての基本枠組みを定めた「社会福祉事業法」(法45)が制定され、失業に関しては、47 年に「失業保険法」(法146)が制定されている。

国民皆保険と国民皆年金の達成

1950年に、社会保障制度審議会は「社会保障制度に関する勧告」を出している。重要なことは、この勧告が「国民が困窮におちいる原因は種々であるから、国家が国民の生活を保障する方法ももとより多岐であるけれども、それがために国民の自主的責任の観念を害することがあってはならない。その意味においては、社会保障の中心をなすものは自らをしてそれに必要な経費を拠出せしめるところの社会保険制度でなければならない」としていることである。これを契機として、その後の社会保障制度は各種の社会保険制度を核として展開を見せることとなった。具体的には、人的適用範囲を全国民的規模にまで展開させるという「国民皆保険」体制・「国民皆年金」体制の実現に向けて制度は展開し始めたのである。

医療保障では、国民健康保険法が58年に全面改正され、これによって、すべての市町村、特別区で国民健康保険が実施されることとなった(61年)。人的適用範囲という観点では、いくつかの被用者保険とあわせて、国民皆保険体制が達成されたことになる。給付面でみると、「療養の給付」の期限が撤廃された（63年）ことが、給付の普遍化にとって重要な意味を持っている。

所得保障では、59年に国民年金法が制定された（法141）。これによって、従来、公的年金制度の網からこぼれていた自営業者などについての所得保障の基礎が出来上がった。国民皆年金の基礎が出来上がったとはいえ、これは任意加入の余地を大きく持っているものであった。

公的扶助については、この時期に、戦後まもなく制定された「(旧)生活保護法」が現行の「生活保護法」に全面改正されている（50年・法144）。

社会福祉制度の展開

［国民皆保険と国民皆年金の達成］の後、社会保障制度は、社会保険関係法の適用範囲の拡大や給付内容の拡大によって普遍化を見せることになる。それと同時に、福祉関係法制が開花したことも重要である。立法としてあげられるものは、「精神薄弱者福祉法」（1960年、法37）、「老人福祉法」（63年、法133）、「母子保健法」（65年、法141）等である。

「老人福祉法」が制定されたことにより、それまでは、「貧困な者」として制度の対象となっていた高齢者が、ようやく「高齢であること」自体からくるリスクやニーズに着目される存在となった。

法改正として挙げることができるのは、児童福祉法による「療育医療の給付」（58年）、身体障害者福祉法による「更生医療」の給付（54年）、身体障害者福祉法の給付対象者として内部障害者も取り入れるなどの改正（67年）である。これらにより、「児童」や「身体障害者」についての戦後間もなくからの位置づけが転換された。

72年には、「老人福祉法」の改正により、医療保険の自己負担部分を公費で負担する「老人医療無料化」が実施されることとなった。

医療保障については、「被用者保険の被扶養者」と「国民健康保険の被保険者」に関して、「療養の給付」の給付率アップが行われ、各種制度の制度間格差が減少し、被保険者と被扶養者の間での格差が縮小していったのもこの時期である。健康保険については、73年に被扶養者についての給付率が7割（自己負担3割）となり、国民健康保険については、68年に世帯員全員について7割給付の完全実施が行われた。この一瞬の時期は、日本の社会保障制度が、量的にも、質的にも、大きく花開いた時期であるが、それとほぼ同時期に、社会保障制度の見直しが始まることになる。

社会保障の見直し①

　1970年以降、日本においても社会保障は揺らぎを見せはじめる。その揺らぎは、①社会保障の財政問題、②女性の社会進出、③高齢化、④国際化、⑤地方分権化などとの関係で複雑な様相をおびている。①は、従来から存在している一般的問題に近いものであるのに対して、②から⑤は新しい現象や価値観の変容との関係で社会保障の方向性を規定するというものである。実際は、これらの両者がミックスされて現実選択の道筋をたてるということになるのであるが、「①を解決するための方便」として「②から⑤を理由として掲げる」という手法が採られることが多いといえる。

　医療保障については、75年に健康保険法の大改正がおこなわれている。これは、賞与（ボーナス）についての特別保険料の徴収を定めるなど、医療保険の財政問題と密接に関係するものであった。続いて、82年には「老人保健法」（＝その後の「高齢者の医療の確保に関する法律」）が制定されている。この制度の創設については、72年の老人福祉法の改正で導入された「老人医療費無料化」について、一部負担を持ち込む改正であったという位置付けもできよう。84年には、健康保険法の「療養の給付」について、被保険者の2割負担（附則により、当面1割とされていたが、97年から2割となった）が導入された。医療の供給体制については、85年、都道府県に「地域医療計画」の策定を義務付ける等を内容とする「医療法」の改正が行われた。しかし、この改正も、積極的に地域医療を確保するためのものというよりは、病床数の規制等による医療費削減に主眼を置いたものであったといえる。また、94年には、①在宅医療の推進、②入院時の療養の給付とあわせて受けていた食事療養についての改正等を内容とする、健康保険法等の改正が行われている。

社会保障の見直し②

　所得保障についてみれば、85年の国民年金法の改正と、86年の厚生年金保険法、各種の共済組合法の改正によって導入された基礎年金の創設が重要である。これは、①全国民共通の基礎的年金確立、②いわゆる専業主婦についての年金権確立、③一人一年金の確立、などをめざしたものであったが、背景に年金の財政問題があったことは否定できない。94年には、①60歳以上65歳未満の者に支給する老齢年金の見直し、②在職老齢年金の改訂、③雇用保険法による給付との調整等、60歳代前半の老齢厚生年金の見直しを主なねらいとする「国民年金法等の一部を改正する法律」が成立した。これにより、高齢社会における公的年金の位置付けが一層明確なものとなった。

　社会福祉関係については、81年、85年と児童手当法が改正された。同じく、85年には児童扶養手当法が改正された。これらは、児童などの属する世帯の経済状態と受給権とが関係する改正でもあったが、社会保障の権利主体を児童個人とみなすのか、経済的な単位としての世帯とみなすのかという基本的な問題を提起している。90年には、①在宅保健福祉の増進、②都道府県・市町村による老人保健福祉計画の策定などを内容とする、「老人福祉法等社会福祉関係8法の改正」が行われた。老人保健福祉計画の策定に関しては、①それぞれの自治体に地域特性を踏まえた計画の策定能力があるのか、②さらには、計画実施についての財源的裏打ちの確保が課題となっている。

　97年には、新しい法律として、「介護保険法」（法123）が制定された。制度創設の背景には、①老人医療費増高の問題、②家族機能の変容などによる私的介護力の問題、③措置制度がもっていた選択の幅の狭さの問題等、様々な問題があった。地方分権化、規制緩和、N.P.O.の育成等と関係して、法律の積極的機能が期待されたのである。

現代日本の具体的事例を巡る考え方

テーマの設定

　総論的な第1部を通じて、社会保障法的な考え方がなんとなくわかってきただろうか。何となくでも結構だから、わかったような気になっていただいたとして、そのまとめとして、現代日本の「具体的事例を巡る考え方」を手掛かりに考えてみるというのが、この章を通じてのテーマとなる。

　具体的事例として取り上げたものは、いずれも、マスコミなどで取り上げられることの多いなじみのある事例である。最近のマスコミはというと言い過ぎかもしれないが、それらには、事例に潜むいくつかの考え方を提示して、視聴者や読者に考えてもらうという手法は不在である。すなわち、前もって「問題点」が設定されているきらいがあるといえる。そのような、あらかじめ設定された「問題点」について、もう一歩奥に入っていただくことがここでの目的である。

　第5章にはもう一つの位置づけがある。それは、第2部以降の準備作業というものである。第2部以降では、もう少し深く、そして、縦横に論が展開されることになるから、この第5章を読んでいただいて、「このように考えることになっている」という思考に慣れていただこう。

この章で考えることの道筋
- I ［高齢者の医療保障について］の考え方
- II ［高齢者の所得保障について］の考え方
- III ［少子化について］の考え方
- IV ［いわゆる「3号被保険者問題」について］の考え方
- V 「税」方式と「社会保険」方式についての考え方

1・5　現代日本の具体的事例を巡る考え方　　41

［高齢者の医療保障について］の考え方

　高齢者の医療保障を巡る議論については、①高齢者の医療保障についての「歴史的経緯」と議論、②高齢者の医療保障の「制度的現状」と議論、③国民健康保険制度をベースにした「国民皆保険」ということについて知っておけば理解はいっそう深まることになる。

　ところが、この『本』が「考え方」を軸としていることから、ここでの説明は、それらのことを詳しく知らなくても、なされている議論の背景について「そういうことがあるのか」となるものとしてみよう。

　「医療保障」の制度が二つあったとする。一つは「被用者とその家族」を対象としたもの、もう一つは「自営業者」や「退職者」を対象としたものだとしよう。この場合、勤めていた方たちが高齢になってリタイアした時に制度的にどうするかが問題となる。考え方は、大きくいって三つある。一つは、「リタイアする前の制度のままにする」である。二つ目はリタイアしたのだから「自営業者や退職者を対象としたものに移動させる」である。そして三つめは「高齢者だけの制度を作る」である。結論の別れ目は、「高齢になった時の制度的対応にまで、若いときのことを引きずらなくてよい」という考え方を承諾するか、否かにある。「承諾すればよい」となりそうだが簡単ではない。その背景にあるものが、国保をベースにした「国民皆保険」というものである。制度的には、①「市町村の区域に住所を有する者」は、すべて、市町村の国保の対象となり、②そこから、「被用者とその家族」等は、（すでに有利な制度に入っているのだから）市町村の国保に入らなくてもよい＝適用除外となる＝というものが（昭和33年に創設された）「国民皆保険」のありようであった。その前提で、「一定年齢以上の高齢者」を市町村の国保の適用除外とし、（不利になることもありうる）「高齢者医療」に入れることの是非が問われることになる。

［高齢者の所得保障について］の考え方

　高齢者の所得保障を巡る議論については、①高齢者の所得保障についての「歴史的経緯」と議論、②高齢者の所得保障の「制度的現状」と議論、③国民年金制度をベースにした「国民皆年金」ということについて知っておけば理解はいっそう深まることになる。

　ところが、この『本』が「考え方」を軸としていることから、ここでの説明は、それらのことを詳しく知らなくても、なされている議論の背景について「そういうことがあるのか」となるものとしてみよう。

　すべての高齢者が所得の保障を必要としているかと言えば、そうとは限らない。高齢になっても働く場所があって賃金を手に入れている人、高額な家賃収入がある人、子どもから仕送りしてもらっている人など、いろいろな高齢者がいることは確かである。いま述べたような場合に共通してみられることは、それらの収入が「自助努力」や「私的な扶養」というような、「社会的な給付」を行う際の考え方とは異なる考え方をベースとしていることである。そこで課題が出てくる。それは、そのような「自助努力」や「私的な扶養」による収入と「社会的な給付」との関係である。具体的に言えば、①高齢になっても働く場所があって賃金を手に入れているひとには、年金は支給しないと考えるのか、②あるいは、賃金を得ている人にも年金を支給すると考えるか、という問題が出てくることになる。実際には、得ている所得額との関係で支給される年金の額が決定されることになるが、そこにあるものは、「拠出したから貰える」という考え方というよりは、「必要性があるので貰える」＝「必要性がなければ支給しない」という考え方である。ここには、「社会的な給付」との関係で、「自助努力」や「私的な扶養」をどのようなものとして位置づけるのかという、根幹に関わるテーマが横たわっている。

1・5　現代日本の具体的事例を巡る考え方　　43

［少子化について］の考え方

　「少子化」とは「ある状態」についての表現であり、それ自体は「問題」となるものではない。結果としての「少子化」自体は、個人の「私的なこと」とされていた「婚姻」や「出産」の集積した状態に過ぎない。ただ、その「少子化」は、例えば、「家が途絶える」だとか、「社会保障の財源確保」というような「何らかの事柄」との関係において、常に「社会的な問題」として姿を現す可能性を持ったものなのである。すなわち、「少子化」は、それぞれの場面において「意味」を付与され、場面ごとの「意味」を持って姿を現すことになるのである。結果として、「少子化」は「歓迎されるべきこと」として語られることもあるし、「問題とされるべきこと」として語られることもある。現代の日本に限定していえば、現代の日本の「少子化」という状態は、「問題とされるべきこと」ということになっているが、それが普遍的な意味での「解」であるかは別の次元のことである。

　戦時体制下の日本において、「少子化」という現象は、「人口増殖」や「民族興隆」等との関係で「問題」として語られてきた。典型的なものをあげれば、「優良ナル所ノ結婚ヲ大イニ奬勵シ、斯クアラシムル爲ニ何等カ表彰ヲシテハ如何デアルカ、國家ニ於テ、或ハ地方自治體ニ於テ、近代ハ先程申上ゲマスル如ク、生活難ヨリ致シマシテ婚期ガ後レテ參リ、謂ワレナクシテ獨身デ長ク生活ヲスル者モ數々アル……眞ニ日本國民大使命ノ達成ト結婚、人口増殖ト云フコトハ如何ニ重大ナル問題デアルカト云フコト、又青年男女ニ對シマシテ結婚ノ知識ト之ガ準備トニ付キマシテ、一段ノ教育ヲ進メル」（男爵浅田良逸）というようなものがあげられる（官報號外　第73回帝國議會　貴族院議事速記録第5号　國務大臣ノ演説ニ關スル件・昭13年1月28日・79ページ）。

[いわゆる「3号被保険者問題」について] の考え方

　馴染みのない言葉であるかもしれないが、ここでは、[いわゆる「3号被保険者問題」について] の考え方について考えてみよう。ここで取り上げる「3号被保険者」とは、国民年金制度で設けられたもので、被用者年金に入っている人（国民年金では2号被保険者とされる人）に扶養されている配偶者で、20歳以上60歳未満の人をいう。制度上は性別を問わないのであるが、「いわゆる専業主婦」というように表現されてしまうこともある。その人の前年度の所得がいくらであったのかによって、「扶養されている配偶者」とされるか否かが決まってくる。

　「扶養されている」ということであるから、制度上は「保険料を負担できない」ということになるのである。しかし、制度上は「基礎年金」についての受給権がある。このことを理解するためには、国民年金の大改革によって国民全体に共通する基礎年金という制度を作った（昭和60年）経緯をよく理解しなければならない。この大改革は、被用者年金と自営業などの非被用者についての年金が縦割りであったことからくる弊害や国民年金の財源の脆弱性を背景としたものであった。しかし、「専業主婦は負担しなくても年金がもらえる」という、あまり正確とはいえない語り口を許してしまうこととなった。

　年金という制度を、「負担できる人が負担」して、「必要性がある人が受給する」ものであると考えれば、「3号被保険者」＝被扶養配偶者＝問題は、扶養されている＝保険料を負担できない（とされる）人の老後の年金をどうするかという問題に解消してしまうことになる。それにもかかわらず、「専業主婦は負担しなくても年金がもらえる」という発言を許してしまうのは、社会保険の受給権を「負担したから貰える」という具合に考えているから、ということになる。

1・5　現代日本の具体的事例を巡る考え方

「税」方式と「社会保険」方式についての考え方

　医療保険にしろ、年金（保険）にしろ、生活保護にしろ、社会保障の給付のためには費用が必要である。現代日本の制度でいうなら、医療保険と年金（保険）は社会保険方式をとっている（と説明されている）。ただ、国民健康保険については、国民健康保険料であっても国民健康保険税であってもよいとされている。さらに、実際の制度を見れば、医療保険にしても年金（保険）にしても、財源としては税が入り込んできている。生活保護については、保険料などが負担できない人々への制度ということから、税が財源となっている。

　では、両者の間には違いがあるのか？あるいは、違いはないのか？社会保険制度が断片的で、一部の人々のみに適用されていた時代には、「制度に入っている人だけが、義務として負担しているので、保険給付を受けることができる」という説明が可能であった。ところが、国民皆保険、国民皆年金ということが達成されると事情は変わってきた。財源のためには税方式でもよいが、たまたま保険という制度を使用しているという説明も可能になってきたのである。それに拍車をかけているのが、保険料収入だけでは制度を維持できないという事情である。こうなってくると、説明は錯綜してくる。制度維持のために税を投入するということにとどまらず、保険料の負担の意味も相対化して、受給権からは遠ざかることにもなってきた。すなわち、「負担能力」があるということと「必要性がある」ということが分離して、「負担したから貰える」ということではなくなってくる。これをどのように見るかは、読者のおかれたそれぞれの立場で異なるかもしれない。一般には「能力があるから負担する」し「必要性があるから受給する」と答えたとしても、いざ「負担しても、必要性がないのでもらえない」となったらどうであろう。

46　第1部　社会保障とは（導入）

考えるための補足テーマ——練習

［社会保険制度］を構成している二つの考え方

　社会保険制度は、①被保険者の保険事故に対して、②保険者が、③保険給付を行うもので、④主な財源は、被保険者（と事業主）が負担する「保険料」である。ただ、そうはいっても、実際の制度をみるなら、極めて豊富な多様性が見られる。そのような多様性がみられる理由は、［社会保険制度］を構成している二つの考え方と関係している。二つの考え方とは、①「社会的扶養」という考え方と、②「保険」という考え方である。

　年金（保険）制度を例に取り上げて簡単に説明すれば以下のようになる。「社会的扶養」という考え方によれば、「所得保障が必要な状態は誰にでも生じる社会的な出来事」であり、したがって、「年金は必要性があるから受給できる」ということになる。それに対して、「保険」という考え方を前面に出すとすれば、「受給できること」と「保険料の納付（減免）」は密接につながることとなる。実際の制度の中には、いずれの考え方も内包されているものの、「障害に関しての年金給付」や「遺族に関しての年金給付」は前者の性格が強く、「老齢に関する年金給付」は後者の考え方が強いものといえる。

［「社会保障制度」における「社会保険制度」］という考え方

　現代日本の社会保障制度は、1950（昭和25）年の社会保障制度に関する勧告（社会保障制度審議会）以降、社会保険制度を中軸として進められてきた。その結果として、昭和30年代半ばには、国民皆保険（医療）、国民皆年金体制が達成された。ただ、忘れてならないことは、国民皆保険（医療）も国民皆年金も、社会保障としての社会保険によって実施し

考えるための補足テーマ　　47

ているのであって、社会保険制度として自己完結的に存在しているわけではないということである。

　医療保険についていうなら、①確かに、社会保険の制度である。②しかし、高額の保険料を長期間にわたって負担したので、③重病になった場合に、手厚い医療が受けられる、ということにはなっていないし、④1か月しか保険料を負担していなくても、長期間の給付を受けることができることになっている。このようなことは、社会保険が、社会連帯的な考え方を基礎とした相互扶助的なものであることを示している。

　年金（保険）についていうなら、①確かに、社会保険の制度である。②しかし、高額の保険料を長期間にわたって負担したので、③長生きをして、総額として高額になる年金をうけとるということにはなっていないし、④1か月しか保険料を負担していなくても、遺族には遺族年金の給付がなされることになっている。ここにも、社会保険が、社会連帯的な考え方を基礎とした相互扶助的なものであることが見て取れる。

　まとめてしまうなら、社会保険制度の基礎をなしている考え方は、社会保障的な考え方であり、それは、「誰でも、自分の力だけで生きていけるものではない」ということを前提としたものであり、そのようなこと＝生・老・病・死ということ＝は、誰にでも起こりうることである、という考え方に裏打ちされたものである。そうはいっても、もちろん、「自己責任」が強く強要されることもあるし、「私的扶養」が期待されることもある。そのような中で、実際の制度は揺れ動くこととなる。特に高齢者については、揺れ幅が大きい。介護保険が導入された頃の議論を振り返れば、ある時は「私的扶養」が強く求められ、またある時は「社会的な給付」の対象となるというものであった。

　では、すべて「税」で実施すればどうか？ということになる。そうした場合であっても、「税」を負担できない人の医療はどうするのかという、同じような問いが出てくることになる。

第2部

「主体」と「その単位」について
―― 「誰が」を巡る考え方で考える ――

第2部の全体像

　第2部では、「社会保障法」における「主体」と「その単位」について考えることになる。「社会保障法」において権利を有しているのは「誰」とされ、義務を負うのは「誰」とされるのかについて、様々な議論の場を設定して、そこにある考え方を探りながら「社会保障法」の独自性について考えることになる。

　社会保障の給付を受けることができる人々とは、いったい「誰」なのだろう。年金（保険）でいえば、皆さんは、「ある期間保険料を納めた人」というふうに考えるかもしれない。正解？　うーん「半分くらい正解」。「半分くらい正解」とした理由は、医療保険について考えると、なんとなく想像がつきそうだ。医療保険の給付を受けるために、医療保険の制度は「ある期間保険料を納めた人」という構成をとっているだろうか。このようなことを考えるためには、そもそも、社会保障における「受給権者」とは？　ということについて考えなければならない。

　次に用意したものは、「個人」と「世帯」から考えるというものである。例として、少し以前の「子ども手当」を巡る議論を挙げてみよう。議論は、「世帯の所得」を考慮するか、否かで展開された。いずれにしてもここにあるのは、「児童個人」を主体と考えるという考え方と、「児童の属する世帯」を主体と考えるという考え方である。

　また、「住所」と「国籍」についても、「誰」ということと関係している。例えば、「貧困という状態」に対して、地方自治体が費用を負担するとしても、それはどこの自治体とされるのであろうか。大方の読者は、「貧困という状態にある人の住んでいる自治体」と答えるであろう。では、ホームレスは？　外国人は？　ここには、「経済的に困窮している人が、そこに現存しているのであるから住民票は関係ない」という考え方もありうるし、「自治体の主な財源である税金は、その自治体内に存在している共通した心配ごとのために使用されるべきである」という考え方もありうる。

さらに考えなければならないことは、「年齢」と「性別」についてである。「誰」ということについていえば、「年齢」と「性別」も深くかかわっている。小さいときから継続している「要介護・要介助」の状態と、高齢に至った後の「要介護・要介助」の状態との関係をどのように考えるかということは、一つの例である。「要介護・要介助の状態であれば同じである」という考え方もありうるし、「両者は異なる」という考え方もありうる。

　そして、「負担をする人」と「受給をする人」という観点から、「誰」ということについて考えることも忘れてはならない。「必要とされる費用を負担する人」と「必要とされる給付を受ける人」との関係について、「負担したから受給できる」という具合に、密接に関係づけて考えることも可能であるし、「負担は、負担可能な人がなすものであり、給付は、社会的な給付を必要としている人に対してなされる」という具合に、別次元のこととして考えることも可能である。

第2部の具体的な構成
第1章　「受給権者」から考える
第2章　「個人」と「世帯」という単位から考える
第3章　「住所」と「国籍」から考える
第4章　「社会的に対応される状態の人」・「年齢」・「性別」から考える
第5章　「受給をする人」と「負担をする人」との関係から考える

「受給権者」から考える

テーマの設定

社会保障において「給付を受けることができる人」=「受給権者」とは、いったい「誰」のことなのだろうか。

おおざっぱにいえば、二つの結論がありうる。一つは、「給付を受けることが必要な人」という結論であり、もう一つは、「保険料などの負担をした人」という結論である。二つの結論がありうるのは、その背景にどのような考え方があるからなのであろうか。前者は、「給付を受ける権利」は、「給付を受ける必要のある状態から直接的に導かれるもの」であるとして考えることから、「給付を受けること」は「負担をすること」とは切り離して考えられることになる。そして、後者は、「給付を受ける権利」は、「税や保険料を負担したことの結果として導かれるもの」として考え、「給付を受けること」と「負担をすること」とは密接に結びついていると考えるものである。実際には、それらの組み合わせによって制度が成り立っている。

とはいっても、気にかかることがある。それは「ダブルスタンダード」の横行である。私たち自身が「ダブルスタンダード」を使っていることもあるし、政策化する人々による「ダブルスタンダード」によって、私たちがいいように翻弄されていることもある。

この章で考えることの道筋
I 目 的
II [「必要性のある人」と「負担した人」との関係]に関する考え方
III 「滞納した人」についての考え方
IV 「死亡した人」についての考え方
V 「失権」についての考え方

目的──［社会保障法に独自の考え方としての「受給権者」について理解する］こと

社会保障の給付を受けることができる人のことを受給権者というが、それはどのような人なのであろうか。民間の保険会社の生命保険に入っている人なら、契約の中身である一定の事柄が発生した場合に、契約によって定められた人が受給権を有することとなる。社会保障の場合は、そのような民間の保険会社との契約はないわけであるが、それは、サジ加減で決まるのであろうか。結論からいえば、サジ加減で決まるというものではない。きちっと法律で決められている。ただし、年金の制度を見てわかるように、びっくりするくらいに法改正がなされている。では、基本的な考え方は無しで、都合によってころころ変わってしまうものなのであろうか？　そのようなことについて考えることがここでの目的である。

日本の社会保障の実際の制度の中核をなしているものは社会保険制度である。そのことが話をややっこしいものにしている。そのややっこしさは、受給権を有するのは「必要がある人」なのか、あるいは「保険料を負担した人」なのかという形で具体化することになる。実際の制度では、その二つのスタンダードが、巧みに使い分けられることとなる。一方では、払ってきたのに、「一定程度の所得があるので支給を停止します」（必要性がないから……）とされるし、必要性があるにもかかわらず、「保険料を払ってないので権利がありません」という風にされてしまう。

ただし、①保険のシステムを使っているとしても、それは、社会保障の制度として実施しているのであり、②さらには、社会保険制度とはいっても、実際には、財源として多額の税金が入り込んでいることを忘れてはならない。

[「必要性のある人」と「負担した人」との関係] に関する考え方

　社会保障の給付を受けることができる人は「必要性のある人」なのであろうか、それとも、「負担した人」なのであろうか。

　社会保障制度にはそれを構成している幾つかの大切な考え方がある。幾つかを挙げると、「生存権」、「社会連帯」、「平等性」等である。これらの考え方が、人々の権利や義務という形で具体化することとなる。しかし、年金（保険）や医療保険の具体的な制度をみると、「……年間納付していること」だとか、「65歳」だとか、「滞納」した場合のことが決められている。ということは、「負担した人」が受給権者ということになるのであろうか。そうすると、負担できなかった人々は受給権がないということになるのであろうか。私たちは生活保護という制度があることも知っている。生活保護の給付を受けている人々に対しては、「必要性がある」ので受給権があるという具合に考えるのか、あるいは、負担してないのにもらえるのはおかしいというように考えるのか。

　そのような発言をする前に知っておかなければならないことが複数ある。それは、①多くの人にとって、例えば、生老病死というものは避けられないことであるし、②（保険料を負担する）社会保険とはいっても、多額の税金が財源に入っているし、③税金の中には「消費税」も含まれており、④消費税は外国人も払っているし、生活保護の受給者も払っている、等である。そうすると、「負担すること」と「受給」とを直結させることには無理があるということになる。では、「必要性があること」と「受給」とを直結させるべきであろうか。

　考える筋道は、「必要性があること」と「受給」を結合させて考えつつ、そのための費用をどのように「負担」することが社会的に合意を得られることになっているのかということであろう。

2・1　「受給権者」から考える　55

「滞納した人」についての考え方

　保険料を滞納した人については、社会保障の給付を受けることができなくなる（ことがある）と考えるべきであろうか、そのようなことについて考えることがここでの目的である。

　一つの考え方は、「①滞納というものが、納付する義務との関係で存在していることから、②滞納した人があったとしても、それは納付する義務を果たしていない人ということであって、③必要性があって生じることになる受給権には影響しない」というものである。これは、「連帯することによって生じる納付する義務」と「受給権」とを切り離して考えるもので、徴収する側は、あくまで徴収することを目的として権限を行使するべきである、ということになる。実際の制度にもあるように、保険料の「減免」という制度はこのことと関連させて説明ができることになる。ただ、「減免」といっても、それは「法定免除」であれ、「申請免除」であれ、「減免」についてのことであって、「滞納」とは異なる次元で考えるべきであるということにもなる。

　もう一つの考え方は、「①その人が保険料を納付したことと、②その人が受給権を有することとを連結させる」というものである。年金（保険）の実際の制度を見れば、国民年金などで納付済みの期間（免除期間を含む）として一定の期間を要請していることや、被用者の年金で負担する保険料の額が報酬に保険料率を乗じた（掛け合わせた）額となっており、そのことと給付される年金の額が関連していること等によって、「納めた人」と「受け取る人」を属人的に結び付ける考えかたも否定はしにくい。

　ただ、考えなければならないことは、社会保険とはいっても、財源として多くの「税」が入り込んでいることである。

「死亡した人」についての考え方

　社会的な給付を受ける権利は、生前にその人が満たしていた支給要件との関係で存在していたものであることから、他の人々に譲り渡すことができないものであり、その人が死亡したことによって消滅する。

　社会保険の制度では、「被保険者」（被保険者であった者を含む）について生じた「保険事故」に対して「保険給付」をすると考えることが一般的である。そのように考えるとするならば、「被保険者の死亡」と「受給権者の死亡」とを同義のものとして扱ってもよさそうである。しかし、被保険者と受給権者は異なる概念であり、「被保険者」ではないが「受給権者」であるということはありうることである。たとえば、「老齢基礎年金」に見られるように、制度によっては、かつて被保険者であった者（＝例えば、年金を受給している80歳の時点では被保険者でない者）が受給権者であることを想定しているものもあり、誤解を生じさせないためにも、①「死亡による被保険者としての資格の喪失」と、②「死亡による失権」とは別の次元の事柄として考えなければならない。

　長期間保険料を負担・納付した人が、老齢年金をもらい始めた直後に「死亡」したとしよう。気の毒な話であるが、このようなことは珍しいことではない。この場合、受給権者の死亡によって、死亡したその人が有していた老齢年金についての受給権は消滅するが、それによって、残された人が一定の要件を備えていれば、残された人に別の給付（＝遺族としての給付）がなされることもある。具体例をあげれば、老齢基礎年金の受給権者が死亡したことによって、死亡したその人に関する老齢基礎年金の受給権は消滅するが、残された遺族について「遺族基礎年金の受給権」が発生する場合がある。

「失権」についての考え方

　社会的給付を受けることができる権利を失うというのはどのようなことであろうか？　いくつかの例を挙げて具体的に考えてみよう。

　不幸な出来ごとであるが「死亡」について考えてみよう。①Ａさんは独居の高齢者で年金の給付を受けていた。そのＡさんが死亡した。この場合、年金の給付を必要としていたＡさん自身が死亡したことによって「給付を必要とする人」がいなくなったわけであるから「失権」ということが生じる。②両親が交通事故で「死亡」した。残された小学生の（死亡した方に扶養されていた）Ｂさんは「遺族年金」を受給し始めた（民事賠償のことは考えないでネ…）。その後何年かたって、Ｂさんは婚姻した。この場合は、「失権する」と「失権しない」というように、考え方は二つに分かれそうである。考えなければならないことは、「婚姻」したことによって、そのＢさんの生活が「遺族であったＢさん」の生活から、「婚姻したＢさん」の生活に変化したということである。実際にＢさんがお金持ちの人と結婚したかどうかは問わない。その後のＢさんの生活については必要があれば、また別の問題として（新しい生活の問題として）考えられることになる。

　（皆さんが賛成するかどうかは別として）社会保障法的な考え方とは以下のようなものである。①「あること」が生じたことによって、②それまで継続していた「必要性が発生した時点での状態」が消滅したとされて、③その結果として必要性を生じさせたこととの関係での「必要性がなくなる」と考える。この場合の「あること」に当たるのが、「死亡」、「婚姻」、「一定の年齢になること」などある。もちろん、時代や状況などによって、実際にはそれらの「あること」が変容することもある。考えておかなければならないことは、社会保障法には私有財産について見られるような相続とは異なる考え方があるということである。

「個人」と「世帯」という単位から考える

テーマの設定

　ある人が流行病にかかったとしよう。この場合、その「個人」は「私的扶養のための空間」にとどまりえなくなり、「その個人」は「社会的給付」の「主体」として顕在化することになる。歴史的に見るなら、「私的扶養」と「社会的給付」との関係において存在したのは、個人／扶養義務者／国（自治体）であり、これらの相互関係を具体化する際に影響力を行使したものが、かつての「家」制度であった。従って、「家」制度が揺らいだ際には、「社会的給付」に係るような場面では、「家」制度を補強する機能を果たすモノが必要となる。歴史的に見れば、そのような機能を担うものとして登場したモノが「世帯」というものであった。とりわけ、「家」制度の解体という戦後の事態に対応するために、「世帯」は「主体」としても「空間」としても、重要な役割を果たすことになった。すなわち、「世帯」は、一方では、社会保障における「必要性判断の単位」や「負担をする単位」等の機能を果たしながら、他方では、「家」制度が果たしてきた役割に代わる機能を果たすモノとして存在することとなった。社会保障の権利・義務の主体は「個人」であると考えがちであるが、社会保障についての「個人」と「世帯」をめぐる議論は、歴史的な経緯を反映して、一層複雑化している。

この章で考えることの道筋
　Ⅰ　目　的
　Ⅱ　「必要性が生じる単位」を巡る考え方
　Ⅲ　「負担・納付をする単位」を巡る考え方
　Ⅳ　「給付がなされる単位」を巡る考え方
　Ⅴ　「個人」と「世帯」を巡る考え方

目的——[社会保障法における「主体」と「空間」について理解する]こと

ここで[「個人」と「世帯」という単位]を取り上げながらも、さらに、[社会保障法における「主体」と「空間」について理解する]という目的を掲げたのは、[「個人」と「世帯」の関係を考えることが、実は、社会保障法について理解する際に重要なテーマを構成する「主体」と「空間」との関係について考えることと深くかかわるからである。さらにいうなら、「主体」（誰が）と「空間」（どのような関係で）ということについて考えることによって、社会保障法の重要な基礎をなす[「生存権」と「社会連帯」]の相互関係を「個人」と「世帯」という単位との関係で考えるという作業が、初めて可能となるのである。具体的には、①要保障状態が発生する「単位」とはどのようなものか、②負担義務が発生する「単位」とはどのようなものか、③保障給付の対象となる「単位」とはどのようなものか、という場面を意識しながら、社会保障法における「主体」と「空間」という枠組みのもとで「個人」と「世帯」を採りあげて考えることがもとめられるのである。

[必要性が生じる「単位」]や[費用負担義務を負うことになる「単位」]として、「個人」と「世帯」はそれぞれの役割を果たしている。さらに、[給付がなされる「単位」]についても、「個人」が念頭に置かれる場合もあれば、「世帯」が念頭に置かれる場合もある。このように、「個人」と「世帯」は、単に「単数」と「複数」という関係ではなく、ともに、「社会保障法における主体」としての役割を果たしており、同時に、「社会保障法における空間」としての役割も果たしているものなのである。

「必要性が生じる単位」を巡る考え方

「必要性があるということ」はどのような「空間」で生じると考えられているのであろうか。妙な問いかけであるが、［お金持ちの家の「子供」の病気］を想定してみれば問いかけの意味が分かるだろう。一つの考え方として、［お金持ちの家の「子供」なのであるから、私的に対応すればよく、社会的対応は不要である］というものがあり、もう一つの考え方として、［お金持ちの家の「子供」であっても、「（社会的に意味付与された）子供個々人の病気」であるから、私的に対応すべきでなく、社会的に対応されるべきである］というものがある。

今述べたことを、［「必要性がある」ということはどのような「空間」で生じると考えられているのか］ということとの関係でいえば、前者は「実際に生活をしている単位（空間）」ということになるし、後者は、実際にどのような単位（空間）で生活をしているかを問わずに、「個人」というものに光が当てられることとなる。ただし、［ぜったい、こちらの考え方でなければだめ‼］というものはなく、実際の制度をみるなら、どちらの考え方も内包されている。であるからこそ、制度が「法的な明確性」を持たずに、あやふやなものとして存在し、政治的な駆け引きの道具として使われ、たとえ裁判に訴えたとしても、「立法裁量」や「行政裁量」の範囲の問題として片づけられてしまうこともあるのである。

少し以前に議論になった「子ども手当」をめぐる決着のつけ方は、このようなことの典型例である。ただ、実際の制度で見た場合、生活保護のように「世帯単位」を原則として、「保護は、世帯を単位としてその要否及び程度を定めるものとする。但し、これによりがたいときは、個人を単位として定めることができる」（法10条）としているものもある。

「負担・納付をする単位」を巡る考え方

　社会保障において、「負担・納付をする単位」は、一方で「共通のリスクが発生する一つのまとまり」や「必要性が発生する一つのまとまり」を念頭に考えられることになり、他方では、「負担することが可能な一つのまとまり」を念頭に考えられることになる。

　幾つかの社会保険制度の保険料（税は除く）に限定して「負担・納付をする単位」の実際をみてみよう。

　国民健康保険の保険料については、「保険者は、国民健康保険事業に要する費用……に充てるため、世帯主又は組合員から保険料を徴収しなければならない……」（67条）としている。国民健康保険は個人を被保険者としているので、世帯主が登場するのは奇妙なことだが、小さな子供も被保険者となるために、「世帯」主が登場することになる。

　介護保険の普通徴収に係る保険料の納付義務については、132条1項で「第1号被保険者は、市町村がその者の保険料を普通徴収の方法によって徴収しようとする場合においては、当該保険料を納付しなければならない」とし、第2項で「世帯主は、市町村が当該世帯に属する第一号被保険者の保険料を普通徴収の方法によって徴収しようとする場合において、当該保険料を連帯して納付する義務を負う」としている。また、第3項では「配偶者の一方は、市町村が第一号被保険者たる他方の保険料を普通徴収の方法によって徴収しようとする場合において、当該保険料を連帯して納付する義務を負う」としており、「個人」と「世帯」主が併用されている。高齢者の医療については、「高齢者の医療の確保に関する法律」の108条に見ることができるように介護保険と同様である。このように、「負担・納付をする単位」には、「リスクが発生する単位」とする考え方と「負担能力がある単位」という考え方が併存している。

「給付がなされる単位」を巡る考え方

簡単な「例」を手掛かりに「給付がなされる単位」を巡る考え方について考えてみよう。

「例」は、「Aさんの家庭の3歳の子ども」と「高額所得者Bさんの家庭の3歳の子ども」について、両方とも「〇〇手当」がもらえるのかということについてである。実際の制度については後ほど触れるとして、考え方は、①「〇〇手当」とは、個人としての「児童」を給付される単位（主体）と考えるべきであるから、両方とも「〇〇手当」がもらえる、②「〇〇手当」がもらえるのは、その児童の属する家庭という生活単位であるので、経済状態によって異なる結論もありうる、という具合に分かれる。ここにあるのは、受給権の主体というものについての考え方の相違である。児童を主体と考えれば、「その児童」がどのような家庭の子どもであるかは問われないこととなる。実際の「児童手当」は「児童手当……は、……に該当する者の前年の所得……が、政令で定める額以上であるときは、支給しない」（児童手当法5条）としている。

次の「例」をだしてみよう。働いている人の子ども（3歳・被扶養者）が病気になった場合、受給権を有している単位についての考え方は、①病気になった「本人（個人）」、②その子どもの属する家庭、③被保険者、という具合に三分される。実際の制度では、健康保険法の110条は「家族療養費」について「被保険者の被扶養者が保険医療機関等のうち自己の選定するものから療養を受けたときは、被保険者に対し、その療養に要した費用について、家族療養費を支給する」としている。ここには、被保険者の支出した（被扶養者のための）出費を補てんするという考え方が残存している。国民皆保険が国民健康保険を基盤としており、国民健康保険が一人一人を被保険者としていることから考えて、このままでよいかは疑問がある。

2・2 「個人」と「世帯」という単位から考える

「個人」と「世帯」を巡る考え方

［社会保障における「個人」と「世帯」］は、よくあるテーマである。考えられていることの多くは、負担をしたり、ニーズ把握をしたりする単位として好ましいものは、「個人」なのか？　「世帯」なのか？　ということについてである。たしかに、「受給権を有する者」ということでいえば、個人が好ましい場合が多いであろう。しかし、「ニーズ把握」ということとなると、経済的な単位を対象とする方が好ましいという考え方にも妥当性はある。ここに一つのヒントがありそうである。

混乱が生じているのは、「誰が主体なのか」ということと「どのような関係なのか」ということをまぜこぜにしていることに関係している。重要なことは、「個人」と「世帯」について、片方が「単数」でもう一方が「複数」であるというようなことではない。社会保障法における「個人」と「世帯」というテーマは、社会保障法の主体は「個人」か？「世帯」か？　という、主体の空間的な広がりをめぐるテーマとして片付けられてはならない。「個人」と「世帯」は、社会保障法における「主体のありよう」と「空間のありよう」を考察するテーマとして積極的に意義づけされなければならないものである。［「主体」・「空間」枠組み］によって、現実の社会保障にみられる諸関係を媒介として「個人」と「世帯」を見ると、そこにおける「個人」と「世帯」の扱われ方や機能の仕方が固定的なものではなく、「近代市民法的な考え方」と「社会保障法的な考え方」という「極」を持った対立軸の上で常に揺れ動いていることがわかる。もし、［「主体」・「空間」枠組み］以外の枠組みを設定し、実際に生じている揺らぎをその枠組みで表現することが出来たなら、「社会保障法とはどのような特徴を持った法なのか」についてのさらなる成果が得られることになるであろう。

「住所」と「国籍」から考える

テーマの設定

「誰」ということとの関係でいえば、「住所」と「国籍」も重要なカギを握っている。例えば、Aさんの「貧困という状態」に対して、地方自治体が費用を負担するとしても、負担するその自治体は、多くの場合Aさんの「住所」がある「市町村」などの自治体とされるであろう。とはいっても、Aさんが「入院」していて、その後「施設」に入ったとしたら、Aさんの「住所」となるのは、Aさんの生活実態との関係で、①「入院する前のところ」、②「入院した病院のあるところ」、③「入所した施設のあるところ」、という具合に可能性は広がってくる。後に見るように、実際の制度では対応は決められているものの、考え方としては、何を軸にしたらよいものか？

さらに、ホームレスの場合は？　外国人の場合は？　というようなさらなる問いかけが出てくる。一方には、「経済的に困窮している人が、そこに現存しているのであるから、住民票は関係ない」という考え方もありうるし、他方で、「自治体の主な財源である税金は、その自治体内に存在している共通した心配ごとのために使用されるべきであるので、簡単な問題ではない」という考え方もありうる。

この章で考えることの道筋
I　目　的
II　社会保障法における「住所」についての考え方
III　社会保障法における「国籍」についての考え方
IV　[「人の移動」と「制度」との関係]についての考え方
V　「社会保障法」のグローバル化を巡る考え方

目的——「住所」と「国籍」を切り口に [「誰が」を巡る考え方で考える] こと

2・3・1

「住所」と「国籍」を切り口にして [「誰が」を巡る考え方で考える] こととはどのようなことであろうか。

このようなことを考えることの背景には、「社会保障関係のさまざまな制度による給付を受けることができる人々はどのような人々なのであろうか？」というような「問い」がある。このような「問い」については、「結論は制度によって規定されているから問題は生じない」ということになりそうであるが、結構複雑である。確かに、個々の制度は支給要件について定めている。とはいっても、それらの制度は様々な要因によって変容を迫られることになる。その際に注目しなければならないことは、「どちらの方向を目指して変容するのか？」という結論にあたる部分ではなく、「出そうとしているその方向性を基礎づけている考え方」である。「その方向性を基礎づけている考え方」の一つとして、保険料や税によって成り立っている給付のための費用をどのような人々が負担し、どのような人々の間で分かち合うのか、というようなことが挙げられる。「国籍」はこのようなことと関係している。ただし、これについては、国民皆保険・国民皆年金体制の確立する以前とそれ以後とでは議論の広がりは異なるものとなるであろう。

そして財源の一つである「税」についていえば、社会保障が「共通した関心事」を基礎として成り立っていることから、どのレベルで「その人の状態」が「共通した関心事」となっているのかが問題となる。外国人や不法滞在者、さらには、いわゆる「路上生活者」や「ホームレス」とされる人々の受給権（とりわけ公的扶助）について、「住所」がどのような意味を有しているのかは、このことと関係している。

社会保障法における「住所」についての考え方

　具体的な例を挙げて考えてみよう。国民健康保険法は第5条で「市町村又は特別区……の区域内に住所を有する者は、当該市町村が行う国民健康保険の被保険者とする」としている。「住所を有する者」ということであるから、その人の「住所」が明確であれば、これはあまり複雑ではない。では、居住地がない場合や居住地が明らかでない場合はどうであろうか。このようなことは、国民健康保険の関係ではあまり生じないかもしれないが、「行き倒れ」の場合や緊急に対応が必要な人の場合はどうすればいいのであろうか？

　実際、生活保護法の第19条は「都道府県知事、市長及び……福祉に関する事務所……を管理する町村長は、次に掲げる者に対して、この法律の定めるところにより、保護を決定し、かつ、実施しなければならない」とし、①その管理に属する福祉事務所の所管区域内に居住地を有する要保護者、②居住地がないか、又は明らかでない要保護者であって、その管理に属する福祉事務所の所管区域内に現在地を有するもの、としている。さらに、「居住地が明らかである要保護者であっても、その者が急迫した状況にあるときは、その急迫した事由が止むまでは、その者に対する保護は、前項の規定にかかわらず、その者の現在地を所管する福祉事務所を管理する都道府県知事又は市町村長が行うものとする」としている。ここにみられるものは、①「誰が対応するのか？」という以前に、「誰かが対応しなければならない事柄」が想定され、②「その事柄」に対応すべき機関や組織について、どのように考えるべきかという考え方の順序があることである。ここには、「対応しなければならない現実の状態の有する公共性」と「その現実の状態にある人（が有していた公共性）」との相互関係が横たわっている。

社会保障法における「国籍」についての考え方

　「国籍」の問題は、社会保障法についていうなら、保険料や税によって成り立っている給付のための費用をどのような人々が負担し、どのような人々の間で分かち合うのか、というような根本にかかわる課題を抱えている。

　問題を一般化して考えやすくするために、「傷病という状態にある人」というような、社会的危険を有している者という観点から考えるなら、そこには、日本人だけではなく、「外国人」も視野に入ってくる。しかし、「外国人」の生活保護に関しては、「予算措置として実施している」という国の基本的立場は一貫している。このことについては、さまざまな考え方が存在しているが、いずれも決定打というものにはなっていない。

　「……すべきだ」というような「主観の表明」に近いものから脱却しようとした場合に、考える軸として有効性を発揮しそうなものとしてあげられるのが、「公共性」や「社会連帯」ということになる。ここでは考える道筋だけを述べておこう。①きわめて貧しい外国人が、②強烈な感染症にかかったとしよう。「私は、お金がないので、病院にはいきません」というような本人による意思表明をどのように位置づけして考えるべきであろうか。考える道筋は、「どのような人々」の「どのような状態」が、「その社会を構成している人々の共通した気にかかること」として位置づけされ、「社会的費用」を使用することが許されることになっているのかというものとなる。

　さらに、考えなければならないことは、①日本国憲法（昭和21年）と（旧）生活保護法（昭和21年）が同じ時期に制定され、国籍法（昭和25年）と現在の生活保護法（昭和25年）同じ時期に制定されたことであり、②国民皆保険・皆年金体制の確立する以前とそれ以後とでは議論の広がりは異なるものとなるということについてであろう。

[「人の移動」と「制度」との関係] についての考え方

　社会保障法において [「誰が」権利を有したり、義務を負ったりすることになるのか？] について考える際に、「人の移動」はどのような問題を突き付けることになるのか？　日常生活を含めて私たちは自由に移動しているし、その権利も（今のところ）保障されている。そして、そのこととは無関係なように、社会保障の制度は存在している。このことを揺るがすことになるのが、社会保障の「費用」の問題である。税金や保険料の負担は、（実際にそうなのかは別にして）共有された空間での、ある一定の「共有された課題」というものの存在を前提としている。

　そうすると次のようなことをどのように考えるのか？ということが生じる。甲市に一人で住んでいるＡさん（70歳）は甲市の国民健康保険の被保険者である。そして、甲市の介護保険の第1号被保険者である。Ａさんは住民税、保険料を甲市で納めて生活していたが、ケガをして、隣の県にある乙市に所在する病院に入院した。治療などに長い期間を要したので、乙市に所在する病院がＡさんの住所地となった。ここまではあまり複雑ではない。ケガは治ったものの、74歳になったＡさんは「要介護の状態」となったので、さらに隣の県にある丙市に所在する施設に入所することとなった。介護保険の1号被保険者となって、5年近く甲市の被保険者として介護保険料を甲市（保険者）に納付してきたが、今は、丙市に所在する施設に入所している。このようなことをどう整理して考えたらよいのだろうか。考えるための基軸となるものの一つは、どこで税金や保険料を支払って「課題の共有された生活をしてきたか」ということになる。もし、甲市で高額の保険料を納めてきたＡさんが、所得がなくなって、「要介護状態」になり、それまで保険料を納めていなかった丙市の住民となったら、丙市の介護保険は財政的にはしんどいことになる。

「社会保障法」のグローバル化を巡る考え方

　グローバル化とは、前のページで見たようなことが、地球規模で生じる可能性を秘めていることを意味する。高齢者を送り出すJ国側から見れば、「要介護状態」で「負担できない」高齢者を送り出すことは（財政的には）助かることになる。移動する高齢者からすれば、もし高額の所得があれば、（受け入れてくれればという話であるが）税金が安くて、福祉の充実した国を探すであろう。ただし、J国でそれまで納めてきた介護保険料は移住先の国では意味がない（ことが多い）。

　年金はどうだろう。国民年金では、留学生や短期間日本に居住する外国人研修者も「日本国内に住所を有する20歳以上60歳未満の者」（7条・第1号被保険者）というように被保険者となる（任意脱退の制度はある）。さらに、厚生年金保険では「適用事業所に使用される70歳未満の者は、厚生年金保険の被保険者とする」（9条）とされていることから、「適用事業所」に雇用されていれば外国人であっても、原則として「被保険者」とすることとなっている。このように、「何年先まで日本にいるかわからない人」を老齢に関係する年金制度に加入させることは、当該外国人には「将来自分の国に帰るので・・・」ということになりそうである。そこで出てくるのが複数国の間で締結される「年金についての協定」ということになる。このことによって、人・モノ・カネが自由に移動することが促進されることとなる。

　困難なのは医療の現物給付や対人的な福祉サービスである。なぜなら、そこには国家資格・免許というような一国内に閉鎖された職業が介在するからである。EUはそれを突破しようとしている。

　さらに、困難な課題を抱えているのが全ての費用が税で賄われているような公的扶助である。この場合、消費税の％が上昇するにつれて議論が複雑になってくる。

「社会的に対応される状態の人」・「年齢」・「性別」から考える

テーマの設定

「社会的に対応される状態の人」についてさらに考えなければならないことは、「年齢」と「性別」についてである。あまり関係がなさそうであるが、「社会保障法」的な考え方を実際の制度に反映させようとするなら、何らかの形で、あらかじめ「社会的に対応される状態の人」を類型化しておかなければならないことになり、その際に「年齢」と「性別」も深くかかわってくる。①小さいときから「要介護・要介助」の状態であった人や30歳で交通事故に遭遇して「要介護・要介助」の状態になった人と、②（高齢に至るまで健康で要介護でなかった）「要介護・要介助」の状態にある高年齢者との関係をどのように考えるかということは、一つの例である。これについては、「要介護・要介助」の状態であれば年齢は関係ないという考え方もありうるし、両者は異なるという考え方もありうる。

「年齢」・「性別」それ自体は、明りょうそうであるが、それらが社会的な意味をもって存在する場合、「社会的に対応される状態の人」の具体化にも影響を及ぼすことになる。いわば、その人がどのような社会で生活しているのか？　ということが常に関わってくるのである。

この章で考えることの道筋
I　目　的
II　「年齢」による類型化についての考え方
III　「性別」による類型化についての考え方
IV　「私的に対応される人」から「社会的に対応される状態の人」へ
V　「特殊性と普遍性」を手掛かりとした「主体」を巡る考え方

目的——[社会的に対応される状態の人]について考える

[社会的に対応される状態の人]はどのようにして登場したのか？

近代市民社会の成立により、人々はそれ以前の封建的、身分的拘束から解放された。封建的、身分的拘束から解放された人々は、いわゆる、レッセ・フェール（自由・放任）の状態に置かれた。近代市民社会の有するそのような基本的考え方を法の世界へ投影させたものが近代市民法というものである。法主体についていえば、人々は、自由で平等である抽象的な存在として位置付けされた。われわれがよく耳にする、いわゆる、「身分から契約へ」はこれを意味している。

個人活動の自由の保障は、「個人が、多くの機会の中から自由に選択したのであるから、その生活における責任はその個人が負うべきである」という個人責任の原則（＝個人の責任に関して社会や国家は介入すべきでないという原則）につながることとなる。しかし、このような個人責任の原則を貫徹しえた者は、商品の所有者としての市民のみであった。結果として、現実の世界では、生産手段を有する一部の者と、実際には労働力という商品のみを所有している労働者とが存在することになる。

その後、資本主義社会が進展する過程においては、個人責任の原則は貫き得なくなってきた。労働災害が多発し、児童・女子をふくめた労働力が磨滅する過程で、それらの出来事は、個々の労働者や個別の使用者の責任を超えて、社会全体で対応すべき問題であるというように認識されるようになった。結果として、個人の財産・収入や私的扶養によって生活することができない人々については、社会や国家が何らかの形で対応するようになってきたのである。国の役割として見た場合、「夜警国家」から「福祉国家」へという位置付けがこれにあたる。

「年齢」による類型化についての考え方

　近代市民社会においては、人は平等で抽象的な存在として位置付けられた。そのような価値体系の中では、個々人の「年齢」はさしたる意味を持たない。極端に言うなら、家族内での扶養や、当事者であるAとBが合意に達したことによる売買や雇用などが基本となる体系である。そのような価値体系で見れば、① 10歳の人は、「子供」ではなく、「小さな大人」というような存在であったともいえるし、② 90歳の人は、「動きなどが遅く上手く働けない大人」という存在であった。

　その後、システムとしての「子供」や「高齢者」が社会によって発見されるにいたる。戦後処理という側面もあったものの、日本で児童福祉法が制定されたのは戦後間もなくのことであった。その児童福祉法は、第4条で「この法律で、児童とは、満18歳に満たない者をいい、児童を左のように分ける」として、「乳児」を「満1歳に満たない者」、「幼児」を「満1歳から、小学校就学の始期に達するまでの者」、さらに、「少年」を「小学校就学の始期から、満18歳に達するまでの者」としている。このような「年齢」による類型化が存在していることは、「傷病」や「貧困」と同じように、「年齢」次第では、「その年齢にあること」自体で「社会が関心を払うべき人」としていることを意味している。

　遺族基礎年金について、遺族基礎年金を受けることができる子は「18歳に達する日以後の最初の3月31日までの間にあるか又は20歳未満であって障害等級に該当する障害の状態にあり、かつ、現に婚姻をしていないこと」（国民年金法第37条の2）としているが、これは「年齢」に関係する例である。また、介護保険法の9条が被保険者について、「市町村の区域内に住所を有する65歳以上の者」＝「第1号被保険者」、「市町村の区域内に住所を有する40歳以上65歳未満の医療保険加入者」＝「第2号被保険者」としていることもその例である。

2・4　「社会的に対応される状態の人」・「年齢」・「性別」から考える　　73

「性別」による類型化についての考え方

　日本の憲法第14条等にみられる基本的人権の一つとしての、「法の下の平等」は重要なものである。「法の下の平等」については、さまざまな議論がなされてきた。戦後まもなく、昭和22年に制定施行された労働基準法は、その第6章に、「女子」や「年少者」についての保護規定を設けた。この背景にあった考え方は、「女性」が働く際には、近代市民法の予定した抽象化された人間像によってでは、決してとらえることができない困難な問題が横たわっており、したがって、「女性」は保護されることによって、かえって「男性」と平等に働くことが可能となる、とするものである。しかし、「女性」一般について規定したパターナリスティックな女子の保護規定に関しては、「具体的な個」を見ていないという批判や、自由な労働や自己実現から女性を遠ざけ、かえって、女性労働者と男性労働者を差別することとなる、という批判もあった。いわゆる、「保護」か、「平等」か、という選択的議論がこれにあたるといえよう。その後、1976年から始まる「国連婦人の十年」、国連の「女子に対するあらゆる形態の差別の撤廃に関する条約」の批准（85年）等があり、日本においても、国内法の整備が進む中で、いわゆる「男女雇用機会均等法」が制定、施行されることとなった。法制定に伴い各種の法律が改正されることとなったが、その一つとして「労働基準法」中の「女性の深夜労働」や「女性の労働時間」等に関する規定の改正があり、結果として、男性と同様の条件で働くことができることなどが部分的に実現することとなったのである。ただし、この議論は、働く場における男女の平等の問題にとどまるものではなかった。家事、育児、介護、社会保障などをめぐっての「性別」による類型化には困難が伴う。「同性介護の原則」や男性の「助産師」問題が投げかけた「問い」はそのような中にある。

「私的に対応される人」から「社会的に対応される状態の人」へ

　まず最初に考えなければならないことは、「ある人」の「単なる事実」が、①「ある私人」の「責任」や「役割」とされたり、②「社会」によって対応されるべき「問題」となったりするということについてである。現代日本の社会保障でいえば、「単なる事実」に該当するものは、「傷病」、「所得の喪失」、「要介護の状態」などということになる。そして、その「単なる事実」が、「社会的な責任」によって対応されるものとされるためには、その「単なる事実」をめぐって、「共有された意識」を基礎とした実態としての「連帯」が不可欠である。その社会のありようとの関係で、同じく「傷病という事実」であっても、社会的な「問題」とされることもあれば、社会的な「問題」とされないこともある。このようなことについては注意しなければならない。

　「単なる事実」を、「社会的に対応されるべきこと」と「それ以外」とに仕分けするありようは、社会保障についていえば、一般的には、以下のような経緯を辿ることになる。①まず生じることは、対応するか否かということ自体が私的自治に任されていたそのような「事柄」についての対応が、「社会的なこと」の誕生＝限定的な初期の社会保険施度など＝によって、「社会的なこと」と「私的自治に任されたその他のこと」に仕分けされることである。この時点において、「社会的なこと」とされない「事柄」は、私的自治に任されたものとして取り残されることになる。②その後、「事柄」全体が、誰かの「責任」で対応されるべき「事柄」へと昇格するに至る。この時点で、「事柄」は、「社会的な責任で対応されるべきこと」と「私的な責任で対応されるべきこと」に仕分けされることになる。③結果として、「事柄が生じた人」は、私的自治を基本とした「私的な責任で対応されるべき人」と「社会的な責任で対応されるべき人」という具合に仕分けされるにいたる。

「特殊性と普遍性」を手掛かりとした「主体」を巡る考え方

　年金（保険）を例にとって「特殊性と普遍性」を手掛かりとした「主体」を巡る考え方について考えてみよう。今日の厚生年金保険法（昭和29年・法律115号）は、昭和19年の「厚生年金保険法」（法律21号）がその原型となっていることが分かる。しかし、昭和19年のそれは、昭和16年の「労働者年金保険法」（法律60号）の改正されたものであり、昭和11年の「退職積立金及退職手当法」（法律42号）と深いかかわりがあることが分かってくる。昭和11年の頃の状態を想像していただきたい。その状態は、「一定規模以上の事業の事業主に対して、労働者の報酬の一部を強制的に積み立てさせる」という、なんとも特異な現象の出現（特異な人々の出現）であっただろう。トータルにみれば、当時の状況は、従来からの体系の中でその特異なモノを理解するというもので、決して、特異なモノに通底する法的性格を普遍的に表現できるほど、類似した法律の群（類似した主体）が存在していたわけではないのである。

　医療保障についても同様である。1922年（大正11年）に「健康保険法」が制定された当初は、①限られた労働者のみに対して、②限定された範囲での医療を給付する制度であった。その後、健康保険法が改正され、国民健康保険法（1938年、法60）、職員健康保険法（39年、法72）、船員保険法（同年、法73）等が制定されたことによって、医療の給付を受ける対象者は非労働者層にまで拡大された。今日では、国民皆保険体制という、原則として国民すべてが、何らかの医療保険の適用をうける体制ができあがったのである。もちろん、生活保護による医療の給付＝医療扶助＝の制度も存在している。

　「法的側面」から光を当てると、近代市民法の主体とは異なった、独自の特質を（普遍的なものとして）持った「法の主体」が浮かび上がる。

「受給をする人」と「負担をする人」との関係から考える

テーマの設定

「受給をする人」と「負担をする人」との関係についての考え方は、大きくわけると2つに分けることができる。一つは「受給をする人」は「必要性のある人」であり、「負担をする人」は「負担が可能な人」であるというもので、もう1つは「受給をする人」は「負担をする人」である（＝負担したから受給できる）という考え方である。後者の考え方は、社会保険についていえば、何となく理解できるが、社会保険という制度の財源に「税金」が投入されている現実を見ると前者の方が説明はすっきりする。しかし、保険料を長い間滞納した人については、その人が必要性があるから受給しているというのも納得がいかない説明かもしれない。

日本の社会保障は、実際には、社会保険が中軸をなし、「国民皆保険」・「国民皆年金」ということになっている。ただ、それらは、社会保障としての社会保険として実施されているもので、多大な公費が投入されている。そして、その公費の中に、消費税等も含まれていることを考えると、どちらも完全な考え方とは言い難いだろう。

この章で考えることの道筋
I　目　的
II　「受給をする人」を巡る考え方
III　「負担をする人」を巡る考え方
IV　「受給をする人」と「負担をする人」を接合する考え方
V　「受給をする人」と「負担をする人」を切断する考え方

目的──[「受給をする人」と「負担をする人」との関係について理解する]こと

　1985 年に基礎年金の制度が確立する以前は、制度が縦割りであり、20 歳以上であっても、被用者年金各法の被保険者の被扶養配偶者に当たる人々は、国民年金の強制被保険者とはされていなかった。基礎年金の制度が確立したことにより、「三号被保険者」＝被用者年金各法の被保険者の被扶養配偶者で 20 歳以上 60 未満のもの＝という状態が作り出された。これは、国民皆保険（医療）とは異なる構造である。国民皆保険（医療）は、被用者の医療保険では「被保険者の被扶養者」という概念を残存させたままとなっているのに対して、今日の年金部門では、基礎年金部分については、20 歳以上のすべての人々が被保険者になる（年齢の上限が設けられていることには要注意）こととなった。

　ただし、年金（保険）が普遍化したことによって、「保険事故が発生する人」と「保険給付を受ける人」の同一性が作り出されたかのように考えてはならない。遺族年金を受給できる遺族とは、たとえば、「被保険者又は被保険者であった者の死亡の当時そのものによって生計を維持し……」（国年法 37 条）とされているように、依然として、医療保険に見られる被扶養者にあたるような部分が残存している。さらにいえば、遺族年金においては、遺族として受給する人のなかには、小さな子どももあり、①「被保険者として負担した経験のない人」が、②「経済的なニーズのある人」として、③「受給する人」となることもある。さらには、老齢基礎年金の受給権者のほとんどは、受給を開始した時点（例えば 65 歳）では被保険者ではなくなっていることも指摘できる。結論的には、被保険者という地位と受給権を有する人とは結びついているようにみえる面もあるものの、受給権を有する人になるのは被保険者だけということにはなっていないのである。

「受給をする人」を巡る考え方

　社会保障というと、まずは、「高齢」、「傷病」という状態を想定して、そのような状態になることによって、受給できると考えることが多い。ところが、誰が負担するのか？　ということを絡めて考えた場合、例えば、「必要性がある人」であっても、その人が「負担していない人」である場合などは、意識の中で答えが少し揺らぐことがある。このように、実際の制度内容を知らなくても、私たちは、「誰が受給する人なのか」ということについて、一応の考え方を持っている。

　整理するなら、「受給をする人」を巡る考え方には、大きくわけると二つあるといえる。ひとつは、「必要性が生じている」ので「受給をする人」となるという考え方であり、もう一つは、「負担した人」なので「受給をする人」となるという考え方である。

　実際の制度を見るなら、「受給をする人」は大きく三つに分かれる。一つ目は社会保険によるものであり、二つ目は生活保護のような公的扶助によるものであり、三つ目は社会福祉制度によるものである。これらのうち、日本の社会保障の根幹をなしているものは社会保険である。そのようなことから、「受給すること」と「負担すること」とが関係づけられて考えられることが多い。とはいっても、社会保険の諸制度の中でも、医療保険と年金（保険）を併置した場合、両者については、意識の中でも考え方にはズレがある。医療保険については、「必要性が生じている」ので「受給をする人」となるという考え方が強い（＝少ししか負担していなくても手厚い医療を受給できる）のに対して、年金（保険）では、「負担した人」なので「受給をする人」となるという考え方も根強い。特に、老齢を保険事故とする給付については、「出したから貰える」という感覚が強く、結果として、「生活保護を受けている人たちは年金よりたくさんもらっている」というような感覚を生み出すこともある。

2・5　「受給をする人」と「負担をする人」との関係から考える　　79

「負担をする人」を巡る考え方

　社会保障を実施するためには「費用」が必要である。その財源を「税」とするのか、「保険料」とするのかは議論のあるところである。実際の制度はさておき、私たちは、「費用」を負担する人についてどのように考えているのであろうか？　「負担する人」は受け取る人、「負担する人」は将来受け取る人、というように「受給している・受給する」というようなこととの関係で考えることもあるし、「負担する人」は、自分が受け取るかどうかとは関係なしに、負担することができるから負担する、というように考えることもある。

　このように考えてしまうのは、その背景に「負担」ということにまつわる意味が潜んでいるからである。その意味は、各自レベルでの感覚・意識というようなものから、制度によって込められる意味まで幅がある。しかし、制度のことを正確に知らなくても、「負担をする人」を巡ることについての考え方を持っている人は多い。それらをみると、「負担をする人」とは、①生じているニーズを共有する人、②負担能力のある人、③自分が将来受給する人、というように幾つかの考え方がある。ただ、それらは複雑に絡み合っており、結果として制度に反映される。

　制度は「負担能力がある人が負担する」という考え方を前面に出して作られる場合もあれば、「将来受給する人が負担する」という考え方を前面に出して作られる場合もある。結果として、①「負担しても必要性がないので支給しない」という考え方と、②「必要性があっても、負担していないので支給しない」という考え方のダブルスタンダードが横行することもある。制度化や政策化にあたってのダブルスタンダードは、人々の意識にみられるダブルスタンダードの裏がえしともいえる。

「受給をする人」と「負担をする人」を接合する考え方

　「受給をする人」と「負担をする人」とを接合する考え方の基礎にあるものは、「受給をする人」の位置付けや権利を、「負担をする人」の状態や果たした義務との関係で捉えようとする考え方である。このような考え方は、①あるグループの人々が積み立てた費用を基礎にして、その人たちに生じた「給付の必要性」に対応するという考え方と、②属人的に、その人が積み立てたことを、その人の受給することと関連させるという考え方に二分される。法的には、その人（達）が受給する権利を有するのは、その人（達）が負担する義務を果たしたからであるという位置づけをすることになる。あまり明確とはいえない社会保障法の権利を説明する際には、この考え方は一つの武器となる考え方である。しかし、実際には、Ａさんが負担した費用がそのままの形で、Ａさんの給付に充てられることになってはいない。しかし、多くの人々の意識の中には「受給をする人」と「負担をする人」を接合させる考え方が根強くある。これは、一部の人々を被保険者として制度が創設された時期に醸成された考え方であり、制度が拡大し普遍化した現代においては妥当するものではない。

　「受給をする人」と「負担をする人」を接合する考え方を強化してしまうと、自分たちの受給との関係で負担が位置づけされ、他の人々のために負担するという、横の連帯（＝医療保険）や世代間の連帯（＝年金）の意識は希薄化してしまうことになる。属人的に負担と受給を接合する考え方をもったとしても、実際には、負担したことがすぐに受給に結びつくことが少ないことから、自分たちは負担する人で、あの人たちは受給する人という解説がまかり通ってしまうこととなる。皮肉なことに、属人的に接合させる考え方が、「受給をする人」と「負担をする人」とを構造的に分断させることになってしまう。

「受給をする人」と「負担をする人」を切断する考え方

　「受給をする人」と「負担をする人」とを切断する考え方の基礎にあるものは、「受給をする人」の位置付けや権利を、「負担をする人」の状態や果たした義務との関係ではなく、「受給をする人」の状態によって捉えようとする考え方である。これを突き詰めれば、「受給できるのは負担したからではなく、必要性があるからである」ということになる。このような考え方は、一見したところ、社会保障法的であるように見えるが、必ずしもそうとは言えない。たしかに、属人的に見れば、Ａさんが受給するということは、Ａさんが負担したことと結びついてはいないし、結びつけて考えるべきではないだろう。実際の制度でいえば、医療保険はその典型的なものである。そして、公的扶助では、「受給をする人」と「負担をする人」との関係がさらに明確に切断されている。

　考えなければならないことは、人々の状態が固定的ではないということである。誰でもケガをする可能性はあるし、遺族になる可能性がある。そのことをあらかじめ想定して出来上がったものが社会保障である。そのようなことから、①たまたま発生したリスクとそれに対する権利、②それらを共有した人々による費用の負担義務、という二つのことを、法的に対応した関係であるかのように考えることに無理があるのである。

　そうなると、「負担していなくても必要性があれば受給できる」という考えかたが社会保障法的な考え方という具合になるのであろうか。ここにも危険性はある。考えなければならないことは、「受給をする人」と「負担をする人」がグループとして分断化されることについてである。確かに個々人の権利が、その人々の負担したことと切断されていることは、望ましいことのように見えるが、へたをすると、「なぜ、あの人たちのために負担するのか」という意識を増大させる危険もある。

82　第2部　「主体」と「その単位」について

考えるための補足テーマ——練習

労働者年金保険法（昭和16年/法律第60号）の被保険者をめぐる考え方

　少しばかり、時代をさかのぼってみよう。昭和16年に「労働者年金保険法」という法律ができた。その16条は被保険者についての規定であったが、「女子」や「帝国臣民ニ非ザル者」は被保険者ではないとされていた。このことをどのように考えようかということが、ここでの課題である。ある人は差別だと考えるであろうし、ある人は「保険料を負担しなくて済むならラッキー」と考えるであろう。ところが、もっと深く考えなければならないことがある。それは、養老年金という給付（31条以下）がなされるためには、20年以上の被保険者期間が必要であったということである。当時の「女子」や「帝国臣民ニ非ザル者」が果たして、これを満たすような働き方をしていたであろうか。この法律は、その後、昭和19年に「厚生年金保険法」（法律第21号）と名称を変え、内容も改正された。これによって「女子」は被保険者となった。そして、被保険者期間が3年以上ある女子が婚姻した場合などに「結婚手当金」という給付がなされることとなった。ここにあったのは、①労働力確保のために、女性が働くこと（＝女子の徴用）を「家制度」との関係でどのように考えるかということであり、とはいっても、②「産めよ殖やせよ」ということが要請されることになるし、③その両者をどのように実現させるかということであった。結果として、「厚生年金保険法」は、「女子」を「労働者として」位置づけし、あわせて、「結婚を奨励されるものとして」位置づけして、「被保険者」としたといえよう。

「移動の自由」と「制度」

　医療保障は社会保障の中で重要な位置を占めている。日本の医療保障

は、「国民皆保険」体制と生活保護の医療（＝医療扶助）によって、医療の需要の側についてはほぼ社会化が完成している。問題は、自由開業医制を基盤としている医療の供給体制である。もちろん、「医療法」等によって規制はされている。しかし、実際には、儲かるところに医療機関は集中しているし、逆に無医地区などもあることから、供給体制は「偏在」している。そのようなことから、一定の圏域内での病床が十分なものとなっているかを考えることが求められることになる。気をつけなければならないことは患者の移動にかかわることである。「甲」、「乙」、「丙」、「丁」の圏域で病床数を比較して、十分なところと不足しているところについて考えるとしよう。この場合に、前提的に知っておかなければならないことは、「甲という圏域の住民」は「甲という圏域に所在する医療機関」を利用しなければならないことになっているのか、あるいは、「甲という圏域の住民」であっても、「甲以外、すなわち、乙、丙、丁という圏域に所在する医療機関」を利用できるのか、によって、事情は一転するということである。結論から言えば、日本の社会保険の医療給付は、「患者がどこに居住しているのか」ということと、「患者が利用する医療機関がどこに所在するのか」ということが一致することを求めていない。そうなると、都道府県域を厳密な単位として圏域を設定したり、その中で「二次医療圏」を設定し、患者の静態的な数値を盾に厳密な議論を展開することには、疑問が生じることとなる。国民健康保険についていうなら、「主体」としての「移動の自由」と、給付を受けるための「住民であるという要件」との関係については、考えるための基本として、「生活の圏域」と「行政の圏域」を念頭に置いておくことが重要である。

第3部

「出来事」について
──「どのような場合に」を巡る考え方で考える──

第3部の全体像

　第3部では、社会保障法における「出来事」について考えることになる。「どのような場合」に？　ということを巡る議論の場を様々に設定して、社会保障法とはどのような独自性を有する法なのか？　について考えることになる。

　「傷病」という具体例を提供しておこう。現代では、ほとんどの傷病について社会保障制度による対応がなされる＝社会保障給付がなされる＝ことになっている。そのことの背景にあるのは、「傷病」というものを「私的な出来事」として位置づけるのではなく、「社会的出来事」として位置づける（＝結果として社会的費用を支出してよい）という考え方がある。もちろん、時代によって、何が「社会的出来事とされるのか」ということは変容している。もう少し具体的に考えてみよう。例えば、犯罪被害者の場合のように、第三者による加害行為による「けが」についてはどう考えるべきであろうか。あるいは、労働災害や公害被害についてはどうであろうか。

　何となく、考えるためのコツはつかめてきたであろう。実際には「白か黒か」という具合に分別できない場合が多いのであるが、結果としての「傷病」という状態を発生させた責任との関係で、そして、それに対して対応すべきとされる人＝責任を負うべきとされる人＝との関係で、生じた「事柄」は色分けされることとなる。「社会によって対応されるべき事柄」と「みなされる」ということがカギを握っているのである。

　社会保険制度においては、「保険給付」の対象となる出来事を「保険事故」という。制度であるから、「傷病」や「一定の年齢になること」という具合に、「保険事故」はあらかじめ類型化されている。逆にいえば、「傷病」・「要介護状態」・「一定の年齢になること」などは、「社会的な出来事」とみなされているということになる。「傷病」ではあっても、損害賠償責任に結びつくような第三者の行為による「傷病」などはもちろん別である。

では、Aさんに、①「一定の年齢になること」と、②「失業という状態」が同時に生じたら、どのように考えればいいのだろうか。結論は二つありうる。一つは、「一定の年齢になること」と「失業という状態」をそれぞれ独立したものとして考え、Aさんに二つの「社会的な出来事」が生じたとするものである。もう一つは、「一定の年齢になること」と「失業という状態」は、両者ともに「所得の必要性が生じる出来事」という質を有するものであるから、統合して一つの「社会的な出来事」が生じたとするものである。ここで注意してほしいことは、後者において、①「一定の年齢になること」と、②「失業という状態」が、・ひ・と・つの「所得の必要性が生じる状態」に変容したことである。言ってしまえば、「二つの出来事」のように見えても、それらは、要するに「〇〇〇円あればよい」という「一つの出来事」に解消されることもありうるわけである。
　一見単純そうにみえる「どのような場合に」ということであっても、このように奥は深いのである。

第3部の具体的な構成
第1章　「私的な出来事」と「社会的な出来事」という考え方から考える
第2章　「社会保険事故」と「社会保障事故」との関係から考える
第3章　「出来事」の「拡大・普遍化」／「統合・抽象化」から考える
第4章　「出来事」の重複／統合と消滅から考える
第5章　「出来事」の細分化から考える

「私的な出来事」と「社会的な出来事」という考え方から考える

テーマの設定

　幾つかの事例を挙げておこう。①歩いている時に交通事故に巻き込まれてケガをした場合、②酔っ払って歩いていて転んでケガをした場合、③自宅で転倒してケガをした場合、これらについて皆さんは、「加害者が医療費を払うべきだ」と考えたり、「自分で払うべきだ」と考えたりするだろう。さらには「社会保険」の医療で対応すると考えるかもしれない。ここで考えている皆さんは、「ある出来事」について、(制度的に正しいか否かは別として) 誰によって対応されるべき出来事なのか？　という観点から考えていることになる。

　社会保障法的な考え方とは、そのように、「ケガ」という同じ結果であるにもかかわらず、何らかの要件を満たしたものについては「社会的な出来事」とみなして対応するという考え方が基礎をなしている。そうすると、社会保障によって給付される制度がない場合に「私的な出来事」とされていた「事柄」が、「社会的な出来事」へと転換する過程を重視しなければならないし、さらには、「私的な出来事」と「社会的な出来事」を分ける目安は何か？　ということについて考えなければならなくなる。

この章で考えることの道筋
　I　目　的
　II　「私的な出来事」から「社会的な出来事」へ
　III　「社会的な出来事」としての「傷病」
　IV　「社会的な出来事」としての「要介護状態」
　V　「社会的な出来事」としての「高齢」

目的――[「私的な出来事」と「社会的な出来事」という考え方について理解する] こと

　まずは、「ケガ」をした人に落ち度が全くなく、自動車を運転していた人に100％の過失がある場合を考えてみよう。これは皆さんの想像どおりである。実際の制度を見てみよう。健康保険法はその57条1項で「保険者は、給付事由が第三者の行為によって生じた場合において、保険給付を行ったときは、その給付の価額……の限度において、保険給付を受ける権利を有する者……が第三者に対して有する損害賠償の請求権を取得する」としており、「前項の場合において、保険給付を受ける権利を有する者が第三者から同一の事由について損害賠償を受けたときは、保険者は、その価額の限度において、保険給付を行う責めを免れる」（2項）としている。また、国民年金法の各種の給付についての22条の規定も同様である。

　では、酔っ払って「ケガ」をした場合はどうだろう。健康保険法はその117条で「被保険者が闘争、泥酔又は著しい不行跡によって給付事由を生じさせたときは、当該給付事由に係る保険給付は、その全部又は一部を行わないことができる」としている。自宅で「ケガ」をしたといっても「わざと」というような場合は「被保険者又は被保険者であった者が、自己の故意の犯罪行為により、又は故意に給付事由を生じさせたときは、当該給付事由に係る保険給付は、行わない」ということになる（116条）。

　ただし、どのような場合が「闘争、泥酔又は著しい不行跡」や「自己の故意の犯罪行為により、又は故意に給付事由を生じさせたとき」となるかは状況次第であるが、重要なことは、[「私的に対応すべき出来事」とみなされる場合と「社会的に対応すべき出来事」とみなされる場合の制度的切り分けがなされていることを知っておくことである。

「私的な出来事」から「社会的な出来事」へ

現代社会での[「私的な出来事」と「社会的な出来事」の制度的切り分けについては、前のページで見たとおりである。次に考えなければならないことは、社会保障の制度が存在していない時代から社会保障の制度ができてくる過程についてである。すなわち、私的に対応されていた「ケガ」がどのようにして「社会的な出来事」へと変容していったのであろうか？　ということが問題となる。

背景にあった幾つかの要因は以下のようなものであった。代表的なものは、①ギルドや共済組合などの「お互いに助け合う」仕組みが存在していた、②「労働力確保・保全」というような社会政策的な意味での要請があった、③ストライキなど労働者たちの社会運動があった、などということになる。もちろん、国や地域や時代によって、これらのそれぞれが幾つかの組み合わせとなって、具体的な結果を招来したといえよう。いずれにしても、そこで形成されていったものは、「ある出来事」に対しての「私的な責任」という考え方を転換させて、「社会的な責任」というように再構成する考え方であった。「傷病」を例に取り上げてまとめて言うなら、「単なる事実にすぎない病気やケガ」が、流行病などを契機として「私的な対応では済まされない事柄」に変容し、「社会的な関心事」となったということである。現代では「人々の健康」という言葉で語られることではあっても、歴史的に見るなら、「病気やケガの持っている意味」（＝流行病の蔓延をどうするか）、「病気やけがをした人々の社会的な意味」（＝重要な基幹産業に従事する労働者をどう確保するか）、「病気やけがをした部位の意味」（＝軍人の目や指の傷病をどうするか）などの位相で、「単なる事実」が「私的な出来事」から「社会的な出来事」へと転換することが生じたのである。

3・1　「私的な出来事」と「社会的な出来事」という考え方から考える

「社会的な出来事」としての「傷病」

　このようなことについて考える際に重要なことは、①［「傷病」の何が社会的とみなされるのか］ということについて考え、②［制度は、「傷病」をめぐる何について社会的給付をなすとしているのか］ということについて考えることである。そして、さらに重要なことは、③それらの両者の関係について考えることである。

　まず、［「傷病」の何が社会的とみなされるのか］ということについて考えてみよう。ここで念頭に置かなければならないことは、単なる事実にすぎない「傷病」や私的な出来事としての「傷病」が、社会的な出来事に意味を変容させるということについてである。この変容のあり方は、時代や地域の違いによってまちまちである。ある場合は、「傷病」が労働力の摩滅をもたらすものとして社会によって注目されるようになるであろうし、また、他の場合は、「傷病」が、地域や社会を不安に陥れるものとして注目されることもあるだろう。流行病の蔓延などはその良い例である。

　次に、考えることは、［制度は、「傷病」をめぐる何について社会的給付をなすとしているのか］ということについてである。たとえ社会が「傷病」に注目したとしても、制度的対応はまちまちでありうる。具体的にいえば、①「傷病」という状態それ自体に着目して社会的な給付がなされることもあれば、②「傷病に伴う支出」に着目して社会的な給付がなされることもある。日本においては①のような傾向がみられたのに対して、フランスでは②のような傾向がみられたといえよう。両者の違いは、社会的給付が「医療の現物給付」でなされるか、「医療費の償還払い」という形でなされるかという制度的差異となって具体化することになる。

「社会的な出来事」としての「要介護状態」

　ここで考えなければならないことは、①[「要介護状態」の何が社会的とみなされるのか]ということと、②[「要介護状態」をめぐる何について社会的給付がなされるのか]ということについてである。

　この両者の関係も複雑である。ただ、日本の介護保険制度が「要介護状態」一般に対応するものとはなっていない、ということを起点とすれば、整理することは容易である。すなわち、制度によってなされていることは、①「要介護状態」となった「原因」や、「要介護状態」にある人の「年齢」という観点から光を当てて、②「社会的対応がなされるべき要介護者」と、「社会的対応がなされるべきではない要介護者」を作り出すという作業である。光が当てられているのは、（差別的と感じられるかもしれないが）「要介護状態の生じた原因」ということになる。日本の介護保険制度によって作り出されている像は、「年をとればだれでもそのような状態になる」というもので、日本の介護保険制度は、その人が一定の年齢に到達するまでは、前に述べた以外の人々（＝小さいときからの障がいによって「要介護状態」にある若い人）は排除されることになっているのである。

　そして、つぎに問題としなければならないのは、[「要介護状態」をめぐる何について社会的給付がなされるのか]ということである。これについては、後に考えることになるが、①「要介護状態それ自体」が社会的な危険とみなされるのか、②「要介護状態に伴う支出」が社会的な危険とみなされるのか、という二つの考え方があり、どちらの考え方に立脚するかによって、具体的な制度化は異なることとなる。具体的条文をみるなら、日本の介護保険制度は「要介護状態に伴う支出」を社会的な危険とみなす、という考え方に近いものといえよう。

3・1　「私的な出来事」と「社会的な出来事」という考え方から考える

「社会的な出来事」としての「高齢」

　人が××歳になった（＝地球が太陽の周りを××回周った？）ということそれ自体は、「（意味のない）単なる事実」である。にもかかわらず、わたしたちは65歳以上の人たちを「高齢者」として意識し、社会保障との関係で語ることがある。ということから、ここで考えなければならないことは、①.［「高齢」の何が社会的とみなされるのか］ということであり、②［「高齢」をめぐる何について社会的給付がなされるのか］ということについてということになる。

　前者について考える際に基礎となるものは、「高齢」という状態がそれにとどまらず、例えば、「定年」や「解雇」などということと結びついて、「高齢」の「所得の減少した状態」を想定させるというようなものである。しかし、このような「要所得の状態」は、「高齢」になれば、誰にでも発生するのであろうか。実態は複雑である。65歳以上であっても、勤務を継続していたり、自営業を営むなどして高収入を得ている人についてはどのように考えるべきなのか、という課題が出てくる。これについての対応は、①「一定の年齢になったので年金を給付する」という考え方を基礎にしたものと、②「一定の年齢に達してはいるが、所得の保障をする必要がないので支給しない」という考え方を基礎にしたものに分かれることになる。

　そして、つぎに問題としなければならないのは、［「高齢」をめぐる何について社会的給付がなされるのか］ということである。これについては、①「高齢それ自体」が社会的な危険とみなされるのか、②「高齢に伴う収入減」のように「高齢に伴う……」が社会的な危険とみなされるのか、という二つの考え方がある。どちらの考え方に立脚するかによって、具体的な制度化は異なる結果を生じさせることとなる。

「社会保険事故」と「社会保障事故」との関係から考える

テーマの設定

[「社会保険事故」と「社会保障事故」との関係]で第1に考えることは、「傷病」や「老齢」という事実が、「社会保険事故」から「要保障事故」=「社会保障事故」=へと広がりをもつことと関係している。現実の社会保障関係の中心的役割を果たしているのは社会保険の諸制度である。それらの社会保険関係の制度は、「国民皆保険」・「国民皆年金」の達成により、適用対象や保険事故の概念を拡大し、結果として、①「保険事故」の発生と、②「社会保障の要保障という状態」の発生が同義のように考えられるようになってきている。このように拡大普遍化してきた事故の概念について考えることが第1番目の作業ということになる。

適用対象や保険事故の概念が、歴史的に広がりを持ったとしても、適用対象が「社会的に創られたもの」であるということや、そのような事故が「社会的な事故」であるというような、基本的性格を失うことはない。したがって、「社会的給付」の対象となる「社会的な事故」にも枠組みや限界が存在しているはずである。そこで、「社会的給付」の対象となる「社会的な事故」とはどのようなものなのかということについて、第2番目に考えることになる。

この章で考えることの道筋
I 目　的
II 独立した「社会保険事故」と統合される「社会保障事故」
III 「家族療養費」を巡る考え方から考える
IV 「国民皆保険」と「医療扶助」との関係から考える
V 「社会保険事故」と「社会保障事故」との関係を巡る考え方

目的——[「社会保険事故」と「社会保障事故」との関係について理解する] こと

　歴史的に見れば、医療保険制度も年金（保険）制度も、制度の創設当初は、限られた人々についての限定的給付を行うものであった。その後、それぞれの制度が、「適用対象者」や「給付内容」という点で拡大し、さらには、類似の新しい制度が出来上がっていったという経緯をたどる。さらに、昭和の30年代後半には「国民皆保険」・「国民皆年金」という体制が出来上がった。

　医療と年金については、それぞれ「傷病に対するもの」と「高齢者の所得の減少に対応するもの」というすみ分けができているようにも見える。しかし、そう簡単ではない。年金についていうなら、「老齢」・「障害」・「死亡」という出来事について対応するということになっており、それらはまとめて「要所得の状態」と見ることができるからである。すなわち、それぞれについての社会保険事故が発生したとしても、それらはいずれも、「要所得の状態」としての質を備えているものであるから、（金額は十分なものではないかもしれないが）一つの「社会保険事故」に対応すれば、それが「社会保障事故」についての対応として位置付けされ、その他の「社会保険事故」への対応は必要ない、という考え方も可能となる。実際の制度はこれに似たような考え方をしている。このようなことは「高齢者の失業＝雇用保険法」と「高齢者の要所得の状態＝国民年金法・厚生年金保険法」の間でも生じる。このような [「社会保険事故」と「社会保障事故」] との関係について理解することが大切である。

　[社会保障の制度は「要保障の状態」をあらかじめ「類型化」して列挙したものである] と考えるならば、個々の「社会保険事故」が、統合されて一つの「社会保障事故」とされることも生じることとなる。

独立した「社会保険事故」と統合される「社会保障事故」

　医療保険の一部負担金の額が一定の金額に達した場合、その超過した部分を「高額療養費」として支給するという制度がある。健康保険法の115条の「療養の給付について支払われた一部負担金の額又は療養……に要した費用の額からその療養に要した費用につき……を控除した額……が著しく高額であるときは、その療養の給付又はその保険外併用療養費、療養費、訪問看護療養費、家族療養費若しくは家族訪問看護療養費の支給を受けた者に対し、高額療養費を支給する」がそれにあたる。これについては、①一つ一つの「傷病」は独立した「保険事故」であるから、合算して考えることはできない、②一つ一つの「傷病」であっても、それぞれについての一部負担金は「支出の増大」をもたらすのであるから、その合算したものについては「傷病」とは別の新しい「要保障性」を形成する、という考え方がある。

　では、次のような場合はどうだろう。Aさんは障害等級1級に該当するとして障害厚生年金を受給していた。そのAさんが、さらに別の部位のケガをして障害等級1級に該当する状態となった。この場合、それぞれの出来事や状態を個別のものとして位置づけて、障害等級の1級に該当する年金を二つ受給できるだろうか。考え方は、①前後の二つの出来事は独立しているものであるから、障害等級の1級に該当する年金をそれぞれ受給できるというものと、②障害についての年金は、生じる「所得の減少」に対応することを想定しているものであるから、二つの障害の状態を合算して得られる結果をまとめて結果を判断する、というものである。厚生年金保険法の48条は「障害厚生年金……の受給権者に対して更に障害厚生年金を支給すべき事由が生じたときは、前後の障害を併合した障害の程度による障害厚生年金を支給する」としている。

「家族療養費」を巡る考え方から考える

　「小さい子供の病気」を社会保障法としてどのように位置づけるか？これは大変難しい。健康保険法を例にみてみよう。「被保険者の傷病」については「療養の給付」という医療の現物が給付されることが原則である。他方、「被扶養者の傷病」については、「被保険者の被扶養者が保険医療機関等のうち自己の選定するものから療養を受けたときは、被保険者に対し、その療養に要した費用について、家族療養費を支給する」としている（110条）。原則的には「費用が償還されるという給付」がなされることになっているが、特別の場合に「現物給付の方法をとってもよい」とされており、便宜上、この特別の取り扱いが一般なされている。このような給付形態を残存させているのには、いくつかの理由がある。①第一に挙げられるのは、歴史的経緯である。簡単に説明すれば以下の通りである。まず、制度創設時においては、保険給付は「被保険者本人についての傷病」に対してのみなされていた。その後、「被扶養家族の傷病」についても、医療費支出が負担になるからという理由により「補助金」が「被保険者」に対して支給されるようになった。そして、今日のように、一部負担金の割合が等しい「（被保険者の傷病についての）療養の給付」と「（被扶養者の傷病についての）家族療養費の（被保険者への）給付」が並存している、というものである。②次にあげられるのが、社会保険という制度上の理由である。社会保険の原則からいえば、「被保険者に生じた保険事故」について「被保険者に保険給付をする」ということになることから、「被保険者（の医療費支出）に対する家族療養費の支給」がなされるという構成をとる。しかし、社会保障という観点からすれば、「被扶養者の傷病」であっても、（医療費支出ではなく）「傷病に対しての給付」が普遍的になされると考えることが求められることとなる。

「国民皆保険」と「医療扶助」との関係から考える

　ここで考えることは「極貧の人の傷病」を、「極貧」ということとの関係で考えるか？　それとも「傷病」ということとの関係で考えるか？　ということについてである。

　現代日本の医療保障は社会保険を基礎とした「国民皆保険」体制を基盤としているが、他方で、生活保護の「医療扶助」も存在している。両者の関係を制度的に見ようとするなら、「国民皆保険」体制の基盤となっている「国民健康保険」を見なければならない。国民健康保険法は「市町村又は特別区（以下単に「市町村」という。）の区域内に住所を有する者は、当該市町村が行う国民健康保険の被保険者とする」（5条）としている。そして、「前条の規定にかかわらず、次の各号のいずれかに該当する者は、市町村が行う国民健康保険の被保険者としない」とし、その一つとして「生活保護法……による保護を受けている世帯……に属する者」を挙げている（6条）。

　この「生活保護法による保護を受けている世帯に属する者」については、生活保護法の第11条に挙げられている通り、「医療扶助」がなされる。ここからが重要である。それは、生活保護法の第52条が「指定医療機関の診療方針及び診療報酬は、国民健康保険の診療方針及び診療報酬の例による」としていることである。このように同様の基準がそろえられているのであれば、生活保護世帯の人々についても、「保険料の減免」や「一部負担金の減免」等を使うことによって、「市町村国保」の適用除外とせずに実質的な「国民皆保険」を実施できるはずである。しかし、「医療扶助」は現在も存在している。

　現代日本の社会保障は「最低生活基準以下の状態にある人々の傷病」を「傷病一般」として捉えずに、「貧困」との関係でとらえるという考え方をしているのである。

「社会保険事故」と「社会保障事故」との関係を巡る考え方

　日本の社会保障は、実際には社会保険制度を中軸として成り立っている。従って、拡大・普遍化をくり返してきた社会保険であっても、社会保険としての限界や制度目的に規定された限界を有している。その意味で、「どのような場合に」ということに内在している限定的な性格について実際の制度との関係で考えることがもとめられることになる。

　医療保険（健康保険法・国民健康保険法）については、「保険事故」は「要医療の状態」と完全に一致するかというテーマが浮かび上がる。考え方としては、実際の医療保障は社会的給付としてなされるわけであるから、無制限ということにはならないということになる。

　「要介護状態」についていうなら、「要介護一般」と「加齢に伴う状態」とをめぐる関係から考え方は導き出されることになる。この関係は、介護保険法が「この法律は、加齢に伴って生ずる心身の変化に起因する疾病等により要介護状態となり……」（1条）としていることに端的に現れている。このような基本的考え方は、「要介護者」についての定義で具体化されることとなる。介護保険法では、「要介護者」とは、①「要介護状態にある65歳以上の者」、②「要介護状態にある40歳以上65歳未満の者であって、その要介護状態の原因である身体上又は精神上の障害が加齢に伴って生ずる心身の変化に起因する疾病であって政令で定めるもの……によって生じたものであるもの」（7条3項）とされているのである。このことの背景にあるのは、「障がい者ではなくても、年を取れば誰でも障がい者となるという考え方」である。言い方を変えれば、「加齢に伴わずに要介護状態となった人々」を制度から除外する考え方と結びついているのである。

「出来事」の「拡大・普遍化」／「統合・抽象化」から考える

テーマの設定

ここでテーマとして設定されるのは、事実としての歴史的経緯をふまえて、①その結果を分立した個々の制度のままでの拡大とみるか？ ②それとも抽象化の過程をとらえるかということについてである。

両者はあまり大きな違いはないように見えるが、実際にはそうではない。「出来事」の「拡大・普遍化」／「統合・抽象化」について、「傷病」を一つの例として挙げて考えてみよう。社会保障を見ると、各国ともその歴史的経緯は、主体については、①労働者、②ホワイトカラーも含めた勤労者、③非勤労者＝生活者、というような拡大を見せたが、それと歩調を合わせるように、①給付の日数の延長、②特定の傷病についての給付の延長、③対応する傷病の範囲の拡大、④使用できる薬剤の制限の撤廃、というように社会保障の制度として給付される範囲は拡大してきた。「主体」と「対応のあり方」についての、このような実際の拡大によって、社会保障は「傷病」一般に対して対応するものであると、私たちは考えるようになる。このような歴史的過程について、抽象化しながら考えることが重要なのである。

この章で考えることの道筋
I 目的
II 法改正と新しい法律の制定による「出来事」の「拡大・普遍化」
III 「出来事」の「拡大・普遍化」という過程についての考え方
IV 法改正と新しい法律の制定による「出来事」の「統合・抽象化」
V 「出来事」についての「社会連帯的性格の強調」と「自己責任的性格の強調」

目的──[拡大過程と抽象化]という考え方を理解すること

　「それまで保険給付の対象とされていなかった出来事＝Ａ＝が、制度改正によって給付の対象となる出来事となった」としよう。あなたは、このことをどのようなものとして捉えるだろうか。病院に行って支払う一部負担金を具体的な例としてあげてみよう。「高額療養費」の支給制度ができるまでは、病院に行って支払っていた一部負担金は、その累計がいくら高額になったとしても（医療費控除は別にして）そのままであった。ところがある時、「高額療養費」の支給制度ができた。これについては、①新しい制度ができた、ふーん、②このような現象は、一つの制度内での対応される保険事故の拡大であり、「傷病」という保険事故としての性質は変化しない、③別の制度が出来たことによって、結果として「社会的に対応される新しいことが発生した」、というような様々な考え方が可能である。

　「高額療養費」の支給制度を見る場合、「負担を軽減するいいモノができた」という位置付けだけではなく、「傷病」という出来事ではなく、「支出の増大」に対応する新らしい制度ができたと位置づけることが重要である。なぜなら、（質的な意味での）「傷病」それ自体が問題とされるのではなく、（量的な意味での）「支出」の増大が問題とされることによって、「傷病」それ自体に着目する考え方ではなく、「傷病になった人の経済状態」に着目する考え方が浸透し始めるからである。「支出の増大」に着目することは悪いことではない。ただし、気をつけなければならないことは、①〇〇円という一部負担金を生じさせたＡという傷病、②〇〇円という一部負担金を生じさせたＢという傷病、③〇〇円という一部負担金を生じさせたＣという傷病が3つの個別のものであるにもかかわらず、私たちは、一部負担金を合算することにも正当性を持とうとしていることについてである。このことに気づくことは大切である。

法改正と新しい法律の制定による「出来事」の「拡大・普遍化」

　社会保障における医療の保障について、「基幹産業の労働者の傷病」から「国民の傷病」へと、社会によって対応される出来事が普遍化してゆく過程について感じ取っていただければ幸いである。

　制定当初の「健康保険法」(1922年)は、強制被保険者を「工場法ノ適用ヲ受クル工場又ハ鉱業法ノ適用ヲ受クル事業場若ハ工場ニ使用セラルル者」としていた。そして、臨時に使用される者や年収1200円を超える職員は除かれていた。業務上・業務外の両者の「傷病」を対象としていたが、家族の「傷病」は給付の対象となってはおらず、療養の給付は、同一の負傷、疾病について180日を限度とし、「処置、手術其ノ他ノ治療」については、特別の場合を除き一回20円を限度としていた。制定当初の対象者数は180万人程度であった。

　その後、健康保険法は、1934年、41年、42年と強制被保険者を拡大し、年間収入による除外も緩和している。また、結核性の疾病について給付期間を一年に延長し(39年)、「処置、手術、其ノ他ノ治療」についての一回20円という制限をなくしている(42年)。さらに、健康保険法の改正と併行してなされた新しい法律の制定によって、医療の給付を受ける人々は拡大していった。それらは、職員健康保険法(39年)、船員保険法(同年)等である。「非労働者層の傷病」に医療の給付を拡大したという点で注目すべきは、国民健康保険法(1938年)の制定である。さらに、家族の傷病が補助金の給付の対象となったこと(健康保険法の改正・39年)、家族療養給付に対する二分の一の法定給付を定めた健康保険法の改正がなされたこと(42年)によって、「一部の労働者・勤労者の傷病」から出発した制度が、「国民の傷病」に対応する制度へと拡大していったのである。1944年の段階で、各種の医療保険の適用を受ける者は5000万人にまで拡大している。

「出来事」の「拡大・普遍化」という過程についての考え方

　日本の社会保障は社会保険を核として拡大してきたといえる。制度的に見るなら、今日でも、社会保険は社会保障の基幹的な部分を構成している。社会保険が拡大する過程での道筋は二つあった。一つは、適用対象者の拡大・普遍化であり、もう一つは社会保険事故の拡大＝給付の拡大・普遍化であった。当初は、①限られた労働者のみに対して、②限定された範囲での医療を給付していた制度が、その後、個別の制度の改変と新しい制度の創設によって、今日では、国民皆保険体制という、原則として国民すべてが、何らかの医療保険の適用をうける体制ができあがったのである。ところが、社会保険が対応してきた保険事故については、その他の制度でも対応することが実際上行われるようになってくる。たとえば、生活保護による医療扶助や社会福祉関係の制度による医療などがそれである。こうなると、傷病というリスクは、もはや社会保険の事故にとどまらず、もっと広い意味をもって存在することとなる。このように「出来事」の「拡大・普遍化」の過程を見ることによって、社会保障事故という概念を見出すことができるのである。

　「傷病」を例に取り上げて言えば、「出来事」の「拡大・普遍化」は、①労働者の傷病、②勤労者の傷病、③生活者の傷病、④傷病一般という経緯をたどるが、現実には制度が分立しており、個別のリスクに対応するかのような様相を呈している。ただ、これに風穴を開けたものがある。それは、老人保健法の制定（＝その後の「高齢者の医療の確保に関する法律」）である。これは高齢者の医療についての財政面を踏まえた制度の創設であったが、手法としては、分立した個々の法律の改正という手法によらず、「高齢に至った人々の傷病」を国民全体に共通する関心事と位置付けた制度化であった。

法改正と新しい法律の制定による「出来事」の「統合・抽象化」

「出来事」の「統合・抽象化」ということを実際の例から見てみよう。

まずは、複数の異なる独立した「傷病」が、統合された一つの出来事＝「支出の増大」とみなされることについて見ておこう。健康保険法の115条は「療養の給付について支払われた一部負担金の額又は療養……に要した費用の額からその療養に要した費用につき……を控除した額……が著しく高額であるときは、その療養の給付又はその保険外併用療養費、療養費、訪問看護療養費、家族療養費若しくは家族訪問看護療養費の支給を受けた者に対し、高額療養費を支給する」としている。これは、昭和48年に導入された「高額療養費の支給」というものである。

次に見るのは、(ちょっと言い過ぎかもしれないが)「傷病」と「要介護」を一つの「出来事」とするような制度である。医療保険についての一部負担金と、介護保険の一部負担金を合算した額が高額となった場合、その負担を軽減するためとして、「高額医療・高額介護合算制度」が出来上がった。健康保険制度の方から見るなら、これは「高額介護合算療養費」というもので、「一部負担金等の額……並びに介護保険法第51条第1項に規定する介護サービス利用者負担額……及び同法第61条第1項に規定する介護予防サービス利用者負担額……の合計額が著しく高額であるときは、当該一部負担金等の額に係る療養の給付又は保険外併用療養費、療養費、訪問看護療養費、家族療養費若しくは家族訪問看護療養費の支給を受けた者に対し、高額介護合算療養費を支給する」(第115条の2)としている。もちろん、介護保険の側から見ることもできる訳で、「高額医療合算介護サービス費の支給」(介護保険法第51条の2)というものがそれにあたる。このことを単純に「負担が軽減された」ととらえるか、あるいは、「異質なものの合算」ととらえるか、実は、本質にかかわる出来事である。

3・3 「出来事」の「拡大・普遍化」／「統合・抽象化」から考える

「出来事」についての「社会連帯的性格の強調」と「自己責任的性格の強調」

　年金（保険）という制度を手がかりに、「社会連帯的性格を強調」した場合と、「自己責任的性を強調」した場合とでは、どのような違いが出てくるかを、保険事故（出来事）を手掛かりとして考えてみよう。

　「社会連帯的性格を強調」した場合、「高齢」や「死亡」という保険事故は「共有された危険を有する集団の構成員の誰にでも生じる事柄」として位置づけされ、「自分について生じたこと」と「自分以外の人について生じたこと」は、等しい意味を持つまでに広がりを見せることになる。他方、「自己責任的性格を強調」した場合、保険事故は「法令などによって事前に表明された要件を充たす個々人についての出来事」として位置づけされ、「自分について生じたこと」と「自分以外の人について生じたこと」は、それぞれの独立した出来事としての性格を強く有する。このことは、「出来事」＝「保険事故」にとどまらず、結果として保険給付についての考え方と連動することになる。すなわち、「社会連帯的性格を強調」した場合、保険給付は「共有された社会的危険としての要保障の状態を連帯して解消するもの」と位置づけされ、形式的には一個人に対しての給付とされるものであっても、社会的な意味を有するものとされることから、個人がソレについて有する任意性は制限されることになる。他方、「自己責任的性格を強調」した場合、保険給付は「事前に表明された要件に該当したことの結果、給付される個々のもの」として位置づけされ、個々の給付はそれぞれ自己完結的な性格を有し、各個人が有するソレに対しての処分権や任意性は高くなる。実際の制度にみられる「出来事」の位置は、社会的な背景によって、幅のある軸の上で常に揺らぐこととなる。

「出来事」の重複／統合と消滅から考える

テーマの設定

　私たちの日常生活での様々な出来事は、一つ一つが独立しているようにも見えるし、まとまりをもったもののようにも見える。私たちの思考はそのようなもので、あるときは、①リンゴ、②バナナ、③ミカンを三つの独立したものとして意識し、また、あるときは、それら三つを「果物」としてまとめて意識したりする。このようなことは、社会保障の給付の対象となる「出来事」についても生じる。給付の対象となる「出来事」は重複／統合することもあれば、消滅することもある。社会保障の給付の対象となる「出来事」は、初期の社会保険を見ればわかるように、歴史的に見れば、限られた人々に対してのみ発生するものであったし、給付も限定的であった。制度が拡大し、類似の制度ができてくると、「出来事」が重複しているように見えることが発生する。現代でいえば、例えば、①老齢に対する給付と、②障害に対する給付について、両者についての支給要件を同一人が満たしている場合、どのように考えるべきか？　などなど、多くの場面で見ることができる。この二つの給付は、「所得の保障のための給付」として一つにまとめあげることも可能である。

この章で考えることの道筋
Ⅰ　目　的
Ⅱ　「出来事」の独立性と併合という考え方
Ⅲ　「出来事」の「量化」という考え方
Ⅳ　「併給調整」という考え方
Ⅴ　「出来事」の消滅という考え方

目的──[「出来事」の重複／統合と消滅について理解する] こと

　ここでの目的は、社会保障の給付の対象となる「出来事」について、それが重複したり統合されたり、さらには消滅したりすることについての考え方を理解することである。これは考え方の道筋なので、制度として「良い／悪い」ということではない。

　社会保障の制度が念頭に置いているのは実際の生活である。従って、社会保障が対象とする「出来事」も実際の生活との関係で考えられることとなる。そして、実際の生活は、一人でなされていることもあるし、複数人でなされていることもある。そうすると、二人で生活している際の「電気代」は、一人で生活している際の「電気代」の二倍であろうか、という疑問が出てくる。ここにある考え方は、複数人になったとしても、必要な電気代というものは人数分だけ増加するのではないというものである。このように、出来事としての「量的なニーズ」というものは、個々の出来事（＝個々のニーズ）がそのままの形で積算されるものではないと考えることもできる。ただ、具体的な社会保険制度に照らしてみると、一つ一つの「出来事」については、それぞれが支給要件を満たしていると見ることもできる。出産直前の女性がケガをした場合のように、一人の女性についての「傷病手当金」と「出産手当金」というものがこれにあたる。実際には、後に見るように給付は調整されることとなる。あるいは、「遺族年金」を受給している人が婚姻した場合の失権も、制度上認められた遺族としての状態が消失したとみなすことと関係している。

　このようなことが生じることの背景にあるのは、①実際の制度が拡大して普遍化したこと、②社会保障が「国民皆保険」・「国民皆年金」という具合になり、全国民が何らかの形で制度の対象となったこと、③社会保障の財源に限りがあること、等々である。

「出来事」の独立性と併合という考え方

　社会保険が創設された当初は、制度は限定された人々を対象としていた。そのこととの関係で、制度的対応がなされる「出来事＝保険事故」は、一つ一つが独立した出来事として存在していた。いわば、A社、B社、C社の民間保険に加入したようなもので、出来事は個別性を有しており独立性を有していた。社会連帯をベースとする社会保険とはいっても、社会全体にまで社会保険が拡大していなかった時代であるから、「適用を受ける部分的な人々を社会全体で支える」というようなもので、自己責任を部分的に変容させたような側面も有していた。リンゴ、ミカン、バナナが一つずつ存在している状態で、その状態を果物が（三つ）存在しているという状態に読み替えられるのには、リンゴ、ミカン、バナナが、「果物として質的に同じものであるという風にみなされる」という思考過程を経なければならない。すなわち、「果物としてのリンゴを食べたから、果物としてのミカン、バナナは不要である」という考え方である。

　制度的にいえば「甲という傷病」、「乙という傷病」、「丙という傷病」を、独立させたものではなく、「一つの出来事」とみなすということがこれにあたる。いくらなんでも「甲という傷病」、「乙という傷病」、「丙という傷病」を、そのままの形で「一つの出来事」とみなすことには困難が伴うので、新しい「一つの出来事」とみなされるものを作り出さなければならない。たとえば、「甲という傷病」、「乙という傷病」、「丙という傷病」のそれぞれに要した一部負担金を合計すると高額になったというような「保険事故」＝新らしい出来事が作り出されることとなる。

　ここに横たわっている考え方は、「出来事」の独立性という考え方と「出来事」の併合という考え方である。

「出来事」の「量化」という考え方

　リンゴ一個、ミカン一個、バナナ一本はそのままでは足し算ができない。強引に足し算をするためには、(ミックスジュースにしてしまうか…)それらの一つ一つを「果物」という具合に抽象化させなければならない。すなわち、リンゴ、ミカン、バナナを、それらを共通して代弁できるモノ(ここでは「果物」)に置き換えることによって「量化」することが可能となる。そのような作業を繰り返すことによって、「出来事」の併合という考え方が推し進められることになる。

　社会保障について、わかりやすい実例をあげれば、健康保険の「高額療養費」の支給や「高額介護合算療養費」がソレである。「高額療養費」の支給でいえば、生じていることは、①個別の「傷病」とそれに対しての「療養の給付(等)」であり、②それぞれについての「一部負担金」であり、③さらには、「一部負担金」の合算である。「高額療養費」の支給の制度が創設される以前は、「一部負担金」の割合が少なかったこともあって、いくら「一部負担金」を払ったとしても、それらは、一つ一つの独立した「出来事」とされていた。

　そのようなめんどうな考え方をしなくても、「医療費支出が高くかかったからいいではないか」と考えるかもしれない。しかし、社会保障法的な考え方からすれば、ちょっと立ち止まることも必要となる。なぜなら、法的には、「どのような出来事」に対して「どのような給付」がなされるのかということはとても重要だからである。「療養の給付」についての一部負担金と「介護」についての一部負担金を合算するということも、高額介護合算療養費という形で創設された(健康保険法・第115の2)。法的には不明確なものであっても量的に多ければ良いというような考え方は、様々なところで具体化している。

「併給調整」という考え方

　一つ一つの「出来事」を質的に異なるものであると考えるならば、複数の「出来事」は複数の「出来事」でとどまることになる。とはいっても、社会保障においては、時代を経ることによって社会保障の給付の対象となる「出来事」が次々に生み出され、社会保障制度は充実する。これを給付という側面から見ると、「個々の制度の給付」は、もはや「個々の制度の給付」ではなく「社会保障の給付」という位置づけをされるに至る。結果として、給付の原因である複数の「出来事」は、ひとまとめにされて一つの「出来事」とみなされることが始まる。

　「併給調整」という考え方について理解しやすいのは、傷病手当金と出産手当金についてである。この場合考えられるのは、「出産を控え、労務に服していない女性の被保険者が、出産直前にケガをして働けなくなった」というような場合である。一方では、「療養のため労務に服することができない」ということから、傷病手当金の受給権を有し（健保法99条）、同時に、「出産の日以前42日……労務に服さなかった期間」ということから出産手当金の受給権を有している（同102条）かのように見えるのだが、制度上は「出産手当金を支給する場合においては、その期間、傷病手当金は、支給しない」（同103条）とされる。

　これについてはどのように考えるべきであろうか。考え方は二つある。ひとつは、傷病手当金と出産手当金が、それぞれの保険事故に対して給付されるものであるから、それぞれの給付事由が発生していれば両者についての受給権を有するというものである。もうひとつは、あたかも異なる給付事由のように見える、「療養のため労務に服することができないこと」と「出産…」は、実は、「要所得保障の状態」としては同じものであるから、片方が支給される場合は、もう一方は支給されないのは当然であるという考え方である。

3・4　「出来事」の重複／統合と消滅から考える

「出来事」の消滅という考え方

　社会的な必要性が承認される「出来事」は、社会的な必要性が承認されなくなった際には、「出来事」としては消滅することになる。ただし、「出来事」の消滅という考え方は制度における考え方の話なのであるから、その人の生活の中で実際に必要性がなくなったかどうかは別の問題である。

　Aさんが死亡した。そのAさんに扶養されていたBさんは、「遺族年金」を受給し始めた。そのBさんが「婚姻」した。Bさんを扶養していたAさんが死亡したことによって、Bさんは「遺族年金」を受給し始めたのであるが、この状態の位置付けは「婚姻」によって変動するのであろうか。おおざっぱにいえば考え方は三つある。①「遺族」であり続けることには変わりないので変動しない、②「婚姻」したことによって、受給する以前の扶養されていた状態とは異なる生活となるので変動する、③「婚姻」した相手の経済状態によって変動することもあるし、変動しないこともある、ということになる。

　国民年金法の第40条を見ると、実際には、「遺族基礎年金の受給権は、受給権者が次の各号のいずれかに該当するに至つたときは、消滅する」として、「死亡したとき」、「婚姻をしたとき」、「養子となったとき（直系血族又は直系姻族の養子となったときを除く。）」とされている。

　実際の制度のこのような扱いに「賛成」か、「反対」かは別として、ここにある考え方は、「遺族年金」は「扶養してくれていた人の死亡」によって、「所得保障」が必要となったということで支給されていたものであるから、遺族としてのそれまでの実際の生活を切断させるような出来事である「婚姻」によって、その人は年金関係の「制度としての遺族」ではなくなると考えるのである。「婚姻」した相手方がお金持ちかどうかは別の次元の問題である。

「出来事」の細分化から考える

テーマの設定

　個別の制度がそれぞれ拡大する過程で、社会保障の給付の対象となる「出来事」は重複するように考えられたり、統合されたり、さらには消滅することがある。逆のことは生じないのであろうか。すなわち、細分化という現象である。

　「ある出来事」に対して給付していた制度の状態が、「ある出来事」が細かく分けられることによって、給付の対象となる事柄に変化が生じることがある。そこで生じていることは「ある出来事」をトータルな一つのこととみなさず、仕分けをする作業である。「傷病」という一つの状態に対して「療養の給付」を行うとしても、病気の人々に実施されていることのすべてを社会的給付とするかは、厳密に言うと疑問である、という考え方が入り込んでくるのである。ただし、このような考え方は、「出来事」というものをどのように見るのかということと関係しているので、社会状況によって変化する。ここにあるのは、「ある出来事」についての、「自己責任」と「社会的給付」との関係である。実際の制度を見ても、このことをめぐって制度は変容している。「賛成」か「反対」かは別にして、社会保障法として考える際に、とても面白いテーマを提供してくれる。

この章で考えることの道筋
　I　目　的
　II　「入院時の食事」の細分化から考える
　III　「入院時の生活」の細分化から考える
　IV　「療養」の細分化から考える
　V　「出来事」の細分化と統合から考える

目的──[「出来事」の細分化ということについて理解する]こと

　目的として掲げた[「出来事」の細分化ということについて理解する]こととは、私たちの日常生活で、「ある出来事」を一つのまとまりのあることとして見たり、細かく細分化してみたりすることと関係している。「宿泊費6000円のホテル」という場合、大方の場合、「水の使用」、「電気の使用」を含んだ料金ということとなる。大方の場合といったことが鍵を握っているのだが、パソコンの「充電」は、部屋の照明ではないので、別料金なのだろうか。どうなるかはホテルとの契約の問題であるが、ひょっとしたら「充電は別料金」ということになるかもしれない。結論はいずれにしても、ここにあるのは、①ホテルに宿泊することは一つのまとまりのある行為であるから「まとめて〇〇円」という考え方と、②宿泊に伴う一つ一つのことは細分化されていて、「その積算が〇〇円」になる、という考え方である。

　実際の生活の中でこのようなことは極めて多いが、私たちの多くは、そのようなことを気にかけずに生活している。社会保障法的にいうなら、「ある事柄」のうち「社会的な給付の対象」となるモノはどれか？ということと関係する。社会保険給付を受けている人を見舞いに来た人たち10人が、①病室の水道蛇口から「2リットルのペットボトル」10本分の水をそれぞれ持って帰る、②病室のコンセントで「みんなで充電する」、③「病室に宿泊する」というようなことは、「社会的な給付の対象」となるのであろうか。

　このようなことは、①「食べ放題」と「飲み放題」で4000円というのと、②単品で頼んだとしたらいくら、というようなこととは少し異なるが、私たちの生活の中に、「細分化したり」、「まとめて一つにしたり」ということはよくある。このようなことを考えながら、[「出来事」の細分化ということについて理解する]ことがここでの目的である。

「入院時の食事」の細分化から考える

　昔は「入院」は大変な出来事だった。従って、「傷病⇒自宅療養」と「傷病⇒入院」は区別されるような出来事であった。そして、「入院」してしまうほどの大変な出来事については、もちろん「食事の提供」も含まれていた。時が流れるにつれて、「傷病⇒入院」は特別のことではないようになってきた。しかし、そのようになっても、「入院」は「入院」であるから、「食事の提供」はそれまでのように、社会保険の対応することと考えられていた。現代社会においては、様々な理由で、「地域医療」や「在宅医療」ということが重要視されるようになり、骨折して在宅で療養している場合は自分で食事に対応しているのに、「入院した場合には食事が提供されるのはおかしい」ということに光が当てられることとなった（少し大雑把？）。

　もっともらしいのだが、まてよ、内臓疾患の患者の中には「薬のように、食事による療養が必要な患者」もいる。そうか、考えなければならないことは、「療養の給付として食事を提供しなければならない患者」のことだ。とはいっても、そのような患者についての食事を構成しているすべてを保険の対象にしてよいものだろうか？　そうだ、調理などに工夫をしているとしても、「お米」や「水」等は、「入院」していても「在宅」でも共通だ。このようにして、「入院時の食事」の細分化が進行してきた。健康保険法が「入院時食事療養費の支給」（85条）の額について、「入院時食事療養費の額は、当該食事療養につき食事療養に要する平均的な費用の額を勘案して厚生労働大臣が定める基準により算定した費用の額……から、平均的な家計における食費の状況を勘案して厚生労働大臣が定める額……を控除した額とする」（同2項）としているのには、このような考え方が背景にある。

「入院時の生活」の細分化から考える

　昔は「入院」は大変な出来事だった。従って、「傷病⇒自宅療養」と「傷病⇒入院」は区別されるような出来事であった。そして、大変な出来事としての「入院」は、一つのトータルなものであった。もちろん「空間の利用」、「電気の利用」、「水の利用」も含まれていた。時が流れるにつれて、「傷病⇒入院」は特別のことではないようになってきた。しかし、そのようになっても、「入院」は「入院」であるから、「空間の利用」、「電気の利用」、「水の利用」はそれまでのように、社会保険の対応することと考えられていた。現代社会においては、様々な理由で、「地域医療」や「在宅医療」ということが重要視されるようになり、骨折して在宅で療養している場合は自宅で電気代を払っている（借家の場合は家賃も払っている）のに、「入院した場合には電気・水・空間が提供されるのはおかしい」ということに光が当てられることとなった。

　そうだ、「電気の利用」、「水の利用」等は、「入院」が避けられない患者であっても「在宅」でも共通だ。このような考え方によって、「入院時の生活」の細分化が進行してきた（セコイ？？？）。

　健康保険法が「入院時生活療養費の支給」（85条の2）の額について、「入院時生活療養費の額は、当該生活療養につき生活療養に要する平均的な費用の額を勘案して厚生労働大臣が定める基準により算定した費用の額……から、平均的な家計における食費及び光熱水費の状況並びに病院及び診療所における生活療養に要する費用について……の額を勘案して厚生労働大臣が定める額……を控除した額とする。」（同2項）としているのには、このような考え方が背景にある。

「療養」の細分化から考える

　ここでは、平たく言えば〈贅沢医療〉といわれるようなものを取り上げて、「療養の給付」の細分化に関係してどのようなことが生じるのかをみてみよう。コレもけっこうマニアックだ。

　歯科の治療に行ったＡさんは、治療した歯に「貴金属」でカバーをしてもらおうと考えた（プラチナ？　ダイヤモンド？？？）。死亡した時に子供や孫に残そう。ただし、これには社会保険がきかないというのが一般的な考え方である。

　ここで生じることは、「入院時の食事」について考えたことや「入院時の生活」について考えたこととは逆のことである。

　歴史的に見れば、社会的給付（医療の保障）は労働者の労働力の保全・確保と強いつながりがあった。したがって、根本にあるのは、「心身を働ける状態にして、再び、自分で稼いでもらう」という考え方であった。その理屈でいえば、歯科の治療に「貴金属」（プラチナ？　ダイヤモンド？？？）は必要ないということになる。ところが、選択の自由や多様性の尊重ということから、「一人部屋に入院して療養したい」、「貴金属を使用したい」というようなニーズにも、何とか対応できないものか、と考えられるようになってきた。従来の考え方では、「貴金属」と言った瞬間に、「そうすると、全部保険の適用外です」となっていた。そこで、待てよ……ということになる。エーッと、「歯ぐきの切開」、「消毒」、「縫合」など、「贅沢医療」でないものと同じものを使っているのに「全部保険の適用外」なの？　という具合に考えるわけである。ここにある考え方は、「贅沢医療」の中身を細分化して、社会保険が適用されてもよいとされる部分については、「贅沢医療」と切り分けて社会保険を適用させようという考え方である。

3・5　「出来事」の細分化から考える　　117

「出来事」の細分化と統合から考える

　「出来事」の細分化と統合という現象は、日常生活でもよく見られる考え方をベースとしている。あるときは細分化して考え、また、あるときは統合して考える。

　まずは、「出来事」について、社会保障の給付の対象となる「出来事」から離れて考えてみよう。甲（呼び捨て）が乙さんをめがけてピストルで複数回撃って殺してしまった（一発は外れて壺にあたった）。単純にいえば、これは殺人である。しかし、この「出来事」を細分化して見ると、①ピストルを所持していた、②ピストルの弾丸が上着を破損させた、③ピストルの弾丸がシャツ（下着）を破損させた、④ピストルの弾丸が乙さんの身体を、表面から徐々に奥まで傷つけた、⑤ピストルの弾丸が乙さんの後ろにあった安物の壺を破壊した、等などというようになる（ちょっとくどかった？）。しかし、このように、「出来事」については、殺人という一つの「出来事」として考えることもあれば、一つ一つの「出来事」として考えることも可能である。

　つぎに、「出来事」について、社会保障の給付の対象となる「出来事」という観点から見てみよう。先ほど見た「入院時の食事」の細分化や「入院時の生活」の細分化であっても、その入院した際の療養の給付についての一部負担金が高額になった場合、私たちは、独立した個々の一部負担金を合計して、高額になったら償還払いしてもらったりする考え方も持ち合わせている。そこで生じている考え方は、個々の治療と個々の一部負担金という「独立したモノ」であっても、一つの「高額になった支出」として統合して考えることができるというものである。このように、社会保障の給付の対象となる「出来事」については、つねに細分化と統合が行われているのである。

考えるための補足テーマ——練習

日本の「介護保険制度」の給付についての考え方

　私たちの日常生活は、何らかのものを必要としている市民が、自分の選択で契約を締結するということを基盤としている。入院している病人であるからといって、24時間、365日、「健康保険法」のみに拘束された生活をしているのではない。病院の売店で何かを買う場合、たいていの場合は、「病人として買うのではなく、契約の一方の当事者として購入している」という当然のことにことに気づくことは大切である。このように、多くの人々にとって、毎日の生活の多くの部分は、民法のような市民法といわれる法に規律された日常生活なのである。そのようなトータルな日常生活の過程で、その契約を締結し履行されたもののうちから、一定の要件を備えているとされるものに対して「保険がきく」＝「社会的な給付」がなされる＝と考えるのが、通常の思考方法であろう。これをより具体的に述べれば、①商品やサービスの買い手が社会的給付を受ける適格性を備えているか、②商品やサービスの売り手が社会的サービスを供給する適格性を備えているか、③商品やサービスが質的に社会的給付としての適格性を備えているか、④購入した商品やサービスが定められた量の範囲内であるのか、というような要件を満たしたものについて、「社会的な費用」を出動させる＝社会的給付がなされる＝という具合に、再整理することによって、ようやく、成熟した市民社会をベースにした社会保障が構築される「基礎」が出来上がるのである。日本の「介護保険制度」の給付が、[「措置」から「契約」へ]というように表現されるのはこのような考え方をベースにしているのである。ちょっと、これはきれいすぎる説明かも…。

「予防」についての考え方

　社会保障の給付の多くは、発生した「出来事」に対してなされるものである。そのような考え方でいくと、「予防」についての考え方は、「まだ発生していないことに対応するもの」であるから、社会的な給付の対象外であるということになる。よくて、せいぜい、[「予防接種」のために支出した]というように考えて、[すでに発生した支出という「出来事」に対応するもの]というようにするわけである。ただ、このような考え方に対しては、かなりの思考の飛躍がある、という人もいる。そのこととの関係では、介護保険の「予防給付」が微妙である。「要介護状態」にあるという場合は、「すでに発生したことに対応するもの」と位置付けることが可能であるが、[「要介護状態」になることを予防する]ということを、「発生したこと」との関係でどのように考えればよいのであろうか。多分、思考は＜[「要介護状態」になることを予防する]ことが必要であり、効果があるという状態が発生している＞ということになるのであろう。面倒なので、「介護予防のために必要な費用を支出した」とすればいいのだが、「要介護状態になりそうにもない人」がそのようなサービスを受けた場合、保険給付をなす要件を満たしているということになるのであろうか？

　社会保険が対応する「保険事故」＝「出来事」＝には、厳密にいえば、「出来事」として発生していることが求められる。その際に、発生していない「出来事」を未然に防ぐということ＝予防＝をどのように表現するかは極めて難しいことである。多分、[「発生しそうである」という状態が発生している]という説明になるのであろうが、集団的な感染症ならいざ知らず、介護保険での「地域での健康づくり講座」などについて、どのような「要件」を満たしたことが給付するための「要件」であるのかは、極めて難しい。

第4部

「給付」・「費用」/「権利」・「義務」について
―― 「何を」「どのように」を巡る考え方で考える ――

第4部の全体像

　第4部では、社会保障法における「給付」・「費用」／「権利」・「義務」について、「権利や義務の内容それ自体」と、「権利や義務」のありようについて考えることになる。いわば、「何」を？　「どのように」？ということを巡っての議論の場を様々に設定することによって、社会保障法の独自性について考えることになる。

　あなたが買い物に行ったとしよう。あなたは、「ワイシャツ」、「アイスクリーム」、「紙おむつ」、「風邪薬」を買い込んだ。あなたは「どれか社会保障から費用が出るものはないかな？」なんて考えた。「ワイシャツ」と「アイスクリーム」は無理そうだ。しかし、「紙おむつ」と「風邪薬」は何とかなるかもしれないと思った。結論はいずれにしても、ここで大切なことは、あなたが「どのような基準」で、「無理そうだ」とか、「何とかなるかもしれない」と考えたかである。何となくだとしても、そこにあるのは「○○○は私的に対応すべきものであろう」という考え方である。私たちは、日常、様々な「消費」をしているし、様々な形で「他者（＝医師・ヘルパー・近隣の人々）とのかかわり」をもっている。これらの物やサービスに対して、「誰の責任で対応するべきか」という観点から光を当てると、それらは「自己責任」と「社会的責任」に分かれてくる。もちろん「自己責任」と「社会的責任」のありようは、時代によって、地域によって、個人的な感覚によって異なる。ただし、結論として得られた制度という具体的なものは、賛否はあっても、一つのありようとして存在することになる。

　話を変えよう。あなたの家の隣に「経済的に困っている人」がいたとする。その人の経済的困窮に対応するのは「あなた」でしょうか、「その人の親戚」でしょうか、それとも、「地域の行政機関」でしょうか、と問われたら？　あなたはどのように考えるだろうか。答えはいずれでもよいが、答えを出すにあたっては何らかの理屈をもって答えを出しているはずである。この本が大切にしているのは、「答えそのもの」では

なく、「答えを導くにあたっての考え方」である。実際の世論や風潮、さらには、現実の制度との関係であなたの選んだ答えは少数派かもしれないが、大切なのは「考え方によって導かれた答え」があるということである。先ほども述べたが、結論としての制度化は、賛否はあっても、一つのありようとして存在することになる。

　私たちの日常は、「何らかの対応しなければならないこと」で満ち溢れている。あなた自身で対応可能な場合もあるし、自分では対応が不可能と思える場合もある。たとえあなたが対応不可能と感じたとしても、「あなたが対応すべきだ」とされる場合もある。逆にいうなら、「猛烈な感染症にかかった場合」のように、たとえ「自分で対応します」と考えたとしても、「国が対応します」となってしまうこともある。そして、そのようなことが「あなた」だけに生じているのではなく、「あなた以外の人々」にも生じている場合に、あなたにはどのような対応が求められるのか、ということについても考えなければならない。

第4部の具体的な構成
第１章　「社会的給付という考え方」から考える
第２章　「社会保険料」の「負担と納付」についての考え方と実際
第３章　「社会保険料の滞納」についての考え方と実際から考える
第４章　社会保障法における「受給権」とその保護について考える
第５章　「負担すること／負担したこと」と「受給権」との関係から考える

「社会的給付という考え方」から考える

テーマの設定

ここで理解してほしいことは「社会的という考え方」についてである。みなさん達は、民間の保険会社と生命保険等の契約を結んだことはあるだろうか。「ある」、「ない」……。答えはどちらでもいいのだが、まずは、保険に「入る」、「入らない」という具合に選択できることに注目してほしい。それに対して、社会保障としての医療保険や年金（保険）等については、皆さん方は「入る」、「入らない」という選択権を、（原則として）持っていない。この事実はとても重要だ。

基本にある考え方は、①「現代社会で生活している限り、誰にでも遭遇する可能性のある一定の出来事がある」と前提して、②「そのような出来事が発生したのは個人の落ち度ではない」として、③「社会的」に対応するというものである。このような考え方は、個人が選択した契約の結果としてなされる給付を規律している考え方とは異なるものである。このようなことから、「社会的給付」を巡る多くの事柄は、原則として、個人の意思で左右することは出来ないこととなっている。ただし、これは「考え方」であって、実際の制度自体は、「白か黒か」という形では存在していない。このような考え方は、どのように生まれ、その後どのような経緯を辿っているのであろうか。

この章で考えることの道筋
I 目 的
II 「社会的給付」という考え方とは
III 「社会的給付」という考え方の登場
IV 「社会的給付」の有する特質
V 「社会的給付」という考え方の変容

4・1 「社会的給付という考え方」から考える

目的——[「社会的給付という考え方」について理解する] こと

　まず、社会保険について考えることから入ってみよう。読者のみなさんは「傷病」という状態になって保険の給付を受けたことがあると思う。ただし、この場合の保険の給付というものには、①市民法上の契約によるもの（＝民間保険）と、②社会保険によるものとがある。ここまではいいとして、前者と後者について、幾つかの考え方の違いを整理する必要がある。前者は「任意性」や「自由」を基本としている。それに対して、後者は「強制性」を基本としている。ここまでも大丈夫。考えなければならないことは、どのような考え方から「強制性」が基本となっているのか？　についてである。

　もう少し深く考えるために、社会保険の年金（保険）制度の遺族給付を例として取り上げてみよう。社会保険の年金（保険）制度には「社会」という性質と「保険」という性質が内在している。社会保険の年金（保険）制度の遺族給付の場合、被保険者（被保険者であった者を含む）が死亡した場合に、その亡くなった方に扶養されていた「遺族」＝所得の保障が必要であるとみなされる人＝に給付されることになるが、ここにある考え方は、（生前）「被保険者が積み立てていたから貰える」というような、いわば相続によるようなものとは異なる考え方である。

　このように、社会保障の給付として給付されるものには、「市民法上の契約によるもの」や「私的扶養によるもの」とは異なる考え方が内在している。ここでの[「社会的給付という考え方」について理解する] ことというものが持っている目的は、そのような社会保障の給付が持っている「社会的な給付という考え方」について考えるというものである。「損得勘定」や「出したから貰える」という考え方とは異なる考え方について考えることはとても大切なことである。

「社会的給付」という考え方とは

「社会的給付」という呼び方があるということは、[「社会的給付」ではないもの]があるからである。その意味で、「社会的給付」が登場する以前は、[「社会的給付」ではないもの]が普遍的なものとして存在し、それが一般的なものとしてあった。「傷病」についていえば、「傷病」となった本人や家族、そして、たまには、職域や地域の共同体などがそれに対応していた。その時代の「傷病」とはそのようなものであった。

国や地域の状況によって、契機は幾つかある。契機として典型的なものをあげれば、例えば、流行病の蔓延や労働者の健康（労働力）の確保の問題があげられる。今日の年金（保険）に関しては、①労働者に永年勤続をしてほしいという要請（＝労働移動に歯止めをかける）、②労働者が家族のことを心配せずには働けるようにする、等の個別の企業での要請が国レベルの制度となったともいえる。

「社会的給付」という考え方を見ることができるのは、日本が近代化してゆく過程と重なり合うが、しかし、過去のものばかりではない。近年でいえば、高齢者の介護をめぐる「実態」が介護の社会化を推し進めることとなった。そこにあった「実態」とは、「高齢社会の到来」、「核家族化」、「介護は主に女性が担っていた」、「社会的入院による医療費の増大」というようなことであった。

ここにあるのは、事実上私的に対応されていたが故に「問題」として社会に表出していないこと＝気づかれなかったこと＝が、何らかの事情で「社会的な出来事」として意識されるに至るということである。従って、「社会的給付」とは、常に、私的な責任で対応すべきことに押し返される質を有したものであるといえる。

「社会的給付」という考え方の登場

　健康保険法ができあがるまでは、(軍人や上級官吏を除いて)多くの人々にとっての「傷病」は私的に対応されるべきものとして位置づけられていた。そのような「傷病」が、「一個人の私的な出来事」としてそこにとどまりえなくなり、「社会の共通した出来事」に変容することとなった。そのことについての考え方を明確にするために「健康保険法」制定時の議事録を利用することにしよう。「……是等ハ不斷カラ斯様ナ場合ニ備ヘル爲ニ、他日ノ計ヲ考慮セシメテ置ケバ宜シイト云ヤウナ譯デアリマスケレドモ、彼等ノ知識道徳ノ程度ガ低イ事デゴザイマスシ、爲ニ遠キヲ慮ッテ将来ノ計ヲ爲スト云フ念慮ニ乏シイノデゴザイマス……(中略)サレバ強制ノ手段ニ依ッテ彼等ガ平素取得イタシマス所ノ収入ノ一部分ヲ割イテ、之ヲ貯蓄シ以テ將來生計ノ基礎ヲ鞏固ニセシムルト云フコトハ、人道上カラ申シマシテモ亦經濟上カラ申シマシテモ、共ニ必要缺クベカラサル事デアラウト思フノデアリマス……」(第45回帝国議会貴族院『健康保険法案特別委員会議事速記録』第1号・大正11年3月20日・1ページ)

　ここにあった考え方は「労働者の自由意思に任せていては上手く対応できない」ので「強制的に行う」という典型的なものである。

　類似したことは、年金(保険)制度の創設においても見ることができる。今日の厚生年金保険法(昭和29年)は、さかのぼれば、昭和19年の「厚生年金保険法」(法律21号)がその原型となっている。そして、昭和19年のそれは、昭和16年の「労働者年金保険法」の改正されたものであり、昭和11年の「退職積立金及退職手当法」と深いかかわりがある。11年のコレは「一定規模以上の事業の事業主に対して、労働者の報酬の一部分を強制的に積み立てさせる」というもので、大企業などで私的に実施されていたものが制度化したものである。

「社会的給付」の有する特質

「医療の給付」や「所得保障」は「社会的給付」としてなされるが、それらには「社会的給付」ということに関わる共通した特質がある。以下に見るような共通した特質は、社会保障の根幹をなす様々な考え方から導かれるものである。

まず挙げられるのは「強制性」である。前のページで見たように、歴史的に見てもこれは明らかである。制度への加入や給付等の点で、制度を人々の「任意性」にまかせていたら、社会保障として成り立たなくなることから「強制性」は導かれるものである。

そのような「強制性」を支えているものが、「共有されたリスク」や「社会連帯」という考え方である。「ある人の傷病」が、その人のリスクにとどまらず「共有されたリスク」となるのである。きっかけとしては、「流行病」の蔓延等があった。そして、その「共有されたリスク」の基礎をなしているものは、傷病や要介護状態というものが、「誰にでも発生しうるリスク」であるという考え方である。従って、新しい制度を創設するに当たっては、①「ある事柄」＝例えば、「傷病」＝が「誰にでも発生しうるリスク」であるというようになるか、②「一部の人々に限られたリスク」であるというようになるかがカギを握っている。

「ある事柄」が「誰にでも発生しうるリスク」と考えられるということは、「ある事柄」が「一個人」の私的な出来事ではなくなるということである。従って、結果的に、「社会的給付」を受けることができる地位は、その「一個人」の私的な所有物のように自由に「他人に譲渡できない」という性格を有することとなる。しかし、これは「社会的給付」であることから、社会との関係で、固定的ではない＝現れたり消えたりする＝という性格を有している。

4・1 「社会的給付という考え方」から考える

「社会的給付」という考え方の変容

　平成6年になされた「健病保険法」等の改正によって設けられた「入院時食事療養費の支給」を例に取り上げてみよう。

　まず制度について簡単に紹介しておこう。健康保険法の85条は「被保険者……が、……に掲げる病院又は診療所のうち自己の選定するものから……療養の給付と併せて受けた食事療養に要した費用について、入院時食事療養費を支給する」としている。その入院時食事療養費として給付される額は「当該食事療養について、食事療養に要する平均的な額を勘案して厚生労働大臣が定める基準により算定した費用の額から、平均的な家計における食事の状況を勘案して厚生労働大臣が定める額を控除した額」（法85条）である。

　重要なことがある。それは、この制度ができるまでは、大雑把に言えば、骨折した患者であろうと、腎臓病の患者であろうと、入院した際の食事は保険給付に含まれていたということである。それについて、「自宅で療養していても問題ないような場合は、食事の費用は自分で出しているではないか」＝社会保険は使っていない＝というようなことから、それまでの制度の状態を、一度、リセットして、「内臓の疾患などによって、療養の給付と併せて食事療養がなされた際には、その費用は保険給付として給付しよう」と組み替えた結果のものが、「入院時食事療養費の支給」なのである。結果的に、平均的な普段の食費に該当する部分については、負担してもらう（＝「控除した額とする」）という制度が出来上がったのである。このようなことは、制度の変遷経緯を知らないと理解できない。下手をすれば、「このような、入院時の食事療養費の支給は、以前は支給されていなかったのに、いいものができた」というような、安易な説明になってしまう。

「社会保険料」の「負担と納付」についての考え方と実際

テーマの設定

日本の社会保障の根幹をなしているものは社会保険制度である。社会保険制度ではあるものの、社会保障として実施しているのであるから、現実の制度には社会保障的な考え方が反映されている（はずである）。社会保険制度の費用の主なるものは「保険料」と「税」である。その一つである「保険料」について、その役割を社会保障の費用としてみるだけではなく、社会保障法の権利と義務という観点から見るなら、「社会保険料」の「負担と納付」について法的に考えることは大切である。このようなことについて考える先には、「負担」していない（できない）人々や、「納付」していない（できない）人々について、どのように考えるのかということが待ち受けている。

この章でまず考えることは、①「保険料の負担」を巡る考え方とその実際のありようについてである。そして次に考えることは、②「保険料の納付」を巡る考え方とその実際のありようと、ソレについての考え方である。「負担と納付」についての考え方と実際を理解することによって、社会保障をめぐる法関係についての独自性についての考え方がさらに深まることとなる。

この章で考えることの道筋
I 目 的
II 「保険料の負担」を巡る考え方
III 「保険料の負担」の実際
IV 「保険料の納付」を巡る考え方
V 「保険料の納付」の実際

目的──[「社会保険料」の「負担と納付」についての考え方を理解する] こと

　年金（保険）を例にとってみると考え方の道筋が整理できる。いったい、年金（保険）の保険料とは何であろうか。年金（保険）における負担義務はどのような考え方によって説明されているのであろうか。大きく分ければ以下の二つになる。①まず挙げられるのは、「現に必要とされている所得保障のための費用が存在しているので、社会構成員として負担しなければならない」という考え方である。この場合は、それぞれの負担が、自らの受給権と直接的に結合することはない。②そして、次にあげられるのが、「自らの受給権を確保するために負担しなければならない」というものである。両者は、賦課方式と（純粋な）積み立て方式という形で具体化することになる。ただ、受給権における場合とは異なり、前者と後者との関係は都合のいいように使い分けされ、ダブルのスタンダードを形成している。

　年金（保険）における受給権と負担義務との相互関係を念頭において、「負担」と「給付」の意味について考えてみよう。①まずあげられるものは、「受給権と負担義務とを接合させない考え方」である。この場合には、個々人の果たした費用の負担は、「特定されない人々のための所得保障のための費用の一部を共同して負担するという義務を果たした」ということにとどまり、義務を果した者の受給権に関しては、それとは別の独立した事柄として考えられるということになる。②他方、「受給権と負担義務とを接合させる考え方」によれば、個々人の果たした費用の負担は、「自らの受給権確保のための要件を満たすための義務を果たした」ものと位置づけされ、義務を果たした個々人の受給権と一体化した事柄として考えられることになる。

「保険料の負担」を巡る考え方

「保険料の負担」を巡る考え方は、①私たちの意識レベル、②社会保障法的な考え方のレベル、③実際の制度のレベル、でそれぞれ異なる。また、それらの三つのレベルの中においても様々なものがある。

ただ、保険料については、「誰が」、「なぜ」、「どれだけ負担するのか」ということについての議論の多くは、保険料というものを「自らが受給すること」との脈絡でとらえたものとなっている。したがって、「負担していないのに受給できるのはおかしい」だとか、「負担したとしても、受給できるかどうか不透明だ」という形での語り口が主流を占めている。このような思考に欠落しているものは、①「他者による負担」と「自らの受給権」、②「自らのなした負担」と「他者の受給権」、③「他者による負担」と「他者の受給権」ということについての思考＝社会的連帯についての思考＝ということになる。保険料については、「保険給付を必要としている（自分以外の）人々についての費用」に当てられるものであり、「（自分以外の多くの人々が負担したものが）自分が受給しているものの費用」に当てられるものである、というように位置づけすることも忘れてはならない。

もう少し議論を拡大すれば、それは、「すでに一定期間保険料を負担・納付した人々＝一定の年齢以上の人々＝には社会的連帯の意義を有する保険料の負担義務はないのか」というようなものになるであろう。なされるべきは、国民皆保険体制・国民皆年金体制が達成された後の「保険料の意味」についての考察であり、さらには、「税方式」で実施する場合と「社会保険方式」で実施する場合とでは、受給権に相違があると考えるべきかについての考察である。

「保険料の負担」の実際

　医療保険についていえば、健康保険法は「被保険者及び被保険者を使用する事業主は、それぞれ保険料額の二分の一を負担する。ただし、任意継続被保険者は、その全額を負担する。」（161条）としている。形の上では、被保険者の被扶養者は保険料を負担していないのである。このような仕組みは、被用者保険に共通している。ただし、国民健康保険については、一人ひとりが被保険者であることから、健康保険のような被用者保険とは異なる仕組みをとっている。国民健康保険法は「保険者は、国民健康保険事業に要する費用……に充てるため、世帯主又は組合員から保険料を徴収しなければならない」（67条）としている。この場合、少し複雑なことが生じることもある。世帯主が被用者保険の被保険者であり、かつ、世帯に被扶養者認定を受けられない世帯員がいる場合、世帯主は、世帯主として、国民健康保険の被保険者となっている世帯員のために「保険料」を負担することとなっている。

　年金（保険）についても事情は同様である。厚生年金保険法は「被保険者及び被保険者を使用する事業主は、それぞれ保険料の半額を負担する」（82条）としている。ただし、国民年金は事情が異なる。国民年金法は「政府は、国民年金事業に要する費用に充てるため、保険料を徴収する」（87条）とし、「被保険者は、保険料を納付しなければならない」（88条）としている。ただし、第2号被保険者及び第3号被保険者については「第2号被保険者としての被保険者期間及び第3号被保険者としての被保険者期間については、政府は、保険料を徴収せず、被保険者は、保険料を納付することを要しない」（94条の6）としている。これは、国民年金の第2号被保険者は、被用者年金の制度で保険料を負担しており、それがまとめられて「基礎年金拠出金」として基礎年金に回されているからである。

「保険料の納付」を巡る考え方

　「保険料の納付」については、「納付されるのであれば、誰がどのように納付してもかまわない」となりそうであることから、考える対象としてのテーマは見つけにくいようにも思える。結果的にいうなら、「保険料の負担」について考える場合とは異なり、「保険料の納付」を巡る考え方については、技術的な色彩が濃いというものになりそうである。だが、実は、「保険料の納付」についても、「誰がいかに納付するのか」ということをめぐって、基本的なことを考えさせてくれるテーマが潜んでいるのである。

　まず、「誰が納付するのか」について考えるならば、その可能性がある人として登場するのは、「被保険者本人」・「被保険者の属する世帯の世帯主」・「被保険者を雇用している事業主」ということになろう。

　ここからが問題である。では、実際の制度では、そのような可能性のある人々の中から、なぜ、「被保険者本人」が納付義務者となったり、「被保険者を雇用している事業主」が納付義務者となったりするのであろうか？　「納付義務者が誰であるのか」についての具体的な結論を出す際に背景にあるモノは、例えば、①「連帯の義務を意識できるようにする」という考え方であり、②「確実に徴収できるようにする」という考え方である。そうすると「特別徴収」＝いわゆる天引き＝という方法は、「確実に徴収できるようにする」という考え方が前面に出たものであり、「普通徴収」＝納付所による納付など＝によるものは、「連帯の義務を意識できるようにする」という考え方が前面に出たものである、ということになる。さらに、受給することとの関係でみると、［「納付する義務を負った者」］と［「被保険者」や「受給権者」］との関係をどのようなものとして位置づけるか？　というテーマも出てくることになる。

4・2　「社会保険料」の「負担と納付」についての考え方と実際　　135

「保険料の納付」の実際

　医療保険についていえば、健康保険法は「事業主は、その使用する被保険者及び自己の負担する保険料を納付する義務を負う」（161条2項）としている。このような仕組みは、被用者保険に共通しているものであるが、先ほども述べたように、国民健康保険については、一人ひとりが被保険者であることから、健康保険のような被用者保険とは異なる仕組みをとっている。国民健康保険法は「保険者は、国民健康保険事業に要する費用……に充てるため、世帯主又は組合員から保険料を徴収しなければならない」（67条）としている。納付について特に規定を置いていないので、被保険者の属する世帯の世帯主が徴収される立場にあり、納付する義務を負っているということになる。

　年金（保険）についても事情は同様である。厚生年金保険法は「事業主は、その使用する被保険者及び自己の負担する保険料を納付する義務を負う」（82条2項）としている。被用者年金については、「負担」と「納付」について気をつけなければならない。なぜなら「被保険者」が負担した2分1の部分が「事業主」によって「納付」されていないことが（実際に）生じるからである。医療保険において「事業主」が納付していない場合は、比較的早い段階で「被保険者」の気がつくところとなる。しかし、年金の場合は、長期にわたった滞納が後日発覚することもありうるからである。その点、国民年金は事情が異なる。国民年金法は、（第一号被保険者について）「被保険者は、保険料を納付しなければならない」（88条1項）としているが、さらに、「世帯主は、その世帯に属する被保険者の保険料を連帯して納付する義務を負う」（同2項）とし、「配偶者の一方は、被保険者たる他方の保険料を連帯して納付する義務を負う」（同3項）としている。

「社会保険料の滞納」についての考え方と実際から考える

テーマの設定

　制度によって期待されている「保険料」の「負担」と「納付」の義務を果たさなかった場合に生じることを手掛かりとして、「保険料」の意味について考えてみよう。制度の基本にかえれば、「滞納」についての関心は、①「義務」としての「保険料」を、いかにして徴収するか／できるか、ということと、②「義務」を果たさなかったということを、「保険給付」にどのように反映するか／できるか、というように二分して考えることになってくる。たとえ、制度が、①「負担」や「納付」と、②「保険給付」とを、それぞれ分離・独立した「社会的なこと」として位置づけたとしても、年金の場合、多くの人々は、「負担」や「納付」を「保険給付」と接合した「属人的なこと」のように構成しがちである。

　被用者保険においては、「負担」をするのは「被保険者」と「事業主」であるものの、「納付」義務を負っている者は「事業主」であることにも気を付けなければならない。そのこととの関係で、被用者保険の場合の「滞納」については、「事業主」についての罰則がある。

この章で考えることの道筋
- Ⅰ　目　的
- Ⅱ　「社会保険料の滞納」を巡る考え方と実際①——医療保険
- Ⅲ　「社会保険料の滞納」を巡る考え方と実際②——介護保険
- Ⅳ　「社会保険料の滞納」を巡る考え方と実際③——年金（保険）
- Ⅴ　「社会保険料の滞納」から見た「保険料」の考え方

目的——[滞納した場合についての考え方と実際について理解する] こと

「保険料」は、社会保険制度というものが有する総体としての価値を具体化する構成要素のひとつである。したがって、「保険料」について考えようとするなら、「保険料」のみに光を当てる方法は正当なものとはならない。「保険料」についての発言が、主観的意思表明であるにもかかわらず、あたかも客観的な裏打ちがあるかのように大手を振るって存在していることがある。そのようなことが生じるのは、制度総体の中に位置づけせずに「保険料」について論じることを許した結果である。必要なことは、語られることになる「保険料」というものを、「保険料」というものの周りに存在するさまざまな事柄を利用して描き出す作業である。

とはいえ、「保険料」の周りに存在するさまざまな事柄は膨大に存在するので、ここでは、以下のような一つの場を設定することによって、「保険料」を描き出すことにしよう。どのような方法であるかと言えば、「描かれることになる対象物が存在しなかった場合に生じることになる事柄」を手掛かりとして、対象物を描き出すという方法である。このような方法で考えるとして、具体的な制度を思い浮かべれば、それが可能となる「場」として考えられるのは、「保険料の滞納」がもたらす「保険給付」への影響を手掛かりとして、「保険料」について考える方法、ということになる。以上のことから、ここでは、①「社会保険における保険料」を「属人的な意味での権利に接合する義務」という具合に位置づける考え方と、②「社会保険における保険料」を「社会連帯的な義務」という具合に位置づける考え方、の二つを意識しながら「社会保険における保険料」というものについて考え、[滞納した場合についての考え方と実際について理解する] ことを目的とすることになる。

「社会保険料の滞納」を巡る考え方と実際①――医療保険

　国民健康保険における「滞納」がもたらすことについて、「療養の給付」（国民健康保険法36条以下）を例に採りあげてみよう。特別の理由がないにもかかわらず、世帯主が、一定の期間「保険料」を「滞納」すると、保険者は世帯主に被保険者証の返還を求め、返還された場合には、被保険者資格証明書が交付されることになる（同9条3項、6項）。世帯主が、その世帯に属する被保険者についての被保険者資格証明書の交付を受けている場合、その被保険者に対しては、「療養の給付」ではなく、医療に要した費用についての「特別療養費」の支給という金銭による償還払いがなされることになっている（同53条の3）。さらに「滞納」がつづくと、保険給付の全部または一部の支払いが一時差し止められ、最終的には、「滞納」している保険料額が、差し止められている保険給付の額から控除されることとなる（同63条の2）。後期高齢者医療における「療養の給付」（高齢者の医療の確保に関する法律64条以下）についても、生じることは国民健康保険の場合と同様である。このことについて、①「滞納」した「保険料」を確実に徴収するものとみるのか、②受給権に影響を及ぼす（ペナルティーのような）ものとみるのかは議論のあるところであろう。

　健康保険については、「被保険者」による「滞納」は制度上は生じないこととなっている。なぜなら、健康保険において「納付」の義務を負っているのは「事業主」とされているからである（健保法161条）。事業主が「滞納」した場合には、事業主に対しての罰則が存在する（同208条）。とはいっても、健康保険制度においては、①「被保険者」の関与できない「納付」・「滞納」という事態と、②その結果としての「被保険者」の「受給権」との関係は、複雑な問題を発生させることになる。

「社会保険料の滞納」を巡る考え方と実際②——介護保険

　医療保険と比べると、介護保険に見ることができる「滞納」への対応は、少し複雑なことになる。

　「介護給付」のうち最もポピュラーな「居宅介護サービス費」を採りあげてみよう。原則的形態として存在しているのは、介護保険法41条1項の「居宅介護サービス費」の支給である。この費用の償還の方式については、一時的にせよ、高齢者が全額の費用を事業者などに支払うことになっていることから、一定の要件が充たされていれば、要介護高齢者にかわって、保険者が保険給付の範囲で指定事業者に支払うことができるとされている（同6項）。

　実際になされている多くの給付は、この6項によるもので、結果的に、高齢者は一部負担金を指定事業者に支払うことで受給していることになっている。しかし、特別な理由がないにもかかわらず「保険料」の「滞納」が続くと、1号被保険者については、被保険者証の提出が求められ、被保険者証に「41条6項などの規定の適用をしない旨の記載」がなされることとなる（法66条）。結論として待ち受けているのは、介護保険の給付の原則的な形態である償還払いに戻るわけである。その後生じる可能性があることは、保険給付（＝償還払いされる給付）の全部または一部の支払いが一時的に差し止められることである。さらに滞納が続く場合、最終的には、「差し止められている給付の額」から「滞納している保険料の額」が控除され、残りが償還払いされることになっている（67条）。2号被保険者について滞納が生じるのは、2号被保険者自身が医療保険の保険料の納付の義務を負うこととなる国民健康保険の被保険者である場合である。この場合の滞納についての対応も先ほど述べたことと類似している（68条）。

「社会保険料の滞納」を巡る考え方と実際③――年金（保険）

　国民年金においては、「納付」の義務を負っているのは「被保険者」である。また、「世帯主」はその世帯に属する被保険者の「保険料」について連帯して「納付」する義務を負い、さらに、「配偶者の一方」は被保険者たる他方の保険料を連帯して「納付」する義務を負うとされている（国年法88条）。ただし、「被保険者」の経済的状態によっては、「納付」することを要しないとされる場合がある（同89条以下）。さらに、国民年金の第2号、第3号被保険者については、それらの人たちが、被用者年金の被保険者とその被扶養配偶者であることから、（国民年金の制度ではなく）被用者年金の制度を介して、「負担」・「納付」された保険料が「基礎年金拠出金」としての役割を果たすことになるため、国民年金については保険料を「納付」することを要しないとされている（同94条の6）。国民年金においては、これらの「納付」義務を負っている者について、長期間にわたる「滞納」が生じたとしたら、「追納」された場合を除いて、結果は、年金の「支給要件」や「保険給付の額」にストレートに反映されることとなる。

　厚生年金保険については、被保険者による「滞納」は制度上は生じないこととなっている。なぜなら、厚生年金保険において「納付」の義務を負っているのは事業主とされているからである（厚年法82条）。事業主が「滞納」した場合には、事業主に対しての罰則が存在する（同102条）。罰則があるとしても、①「被保険者」の関与できない「納付」・「滞納」と、②その結果としての「被保険者」の「受給権」や「給付の内容」との関係は、被用者の医療保険制度で生じること以上の複雑な問題を発生させることとなる。なぜなら、「事業主」による「滞納」が「被保険者」によって気づかれるのは、通常、「老齢年金」の受給年齢に達した時点のような、ずいぶん時間が経過してからのことだからである。

「社会保険料の滞納」から見た「保険料」の考え方

　国民健康保険や高齢者医療が考え出したのは、「療養の給付」を量的なものに変換＝金銭による償還払いに変換＝して、そこから「滞納」された「保険料」を控除するという方策であった。介護保険が考え出したのは、実態として多用されている「現物給付的なもの」を本来的な償還による給付とし、そこから「滞納」された「保険料」を控除するという方策であった。すなわち、①必要とされる「保険給付」は行う、②しかし、「滞納」された「保険料」は「納付」してもらうという、一見したところ正当性を有するような思考方法が生産されることとなるが、「滞納」した「保険料」を「量化した給付」から控除するという、「給付」と「保険料」とを接合させることが直後に生じることになる。

　年金（保険）における「滞納」の結果生じることは、「個々人の保険給付」と「当該個人の保険料」を接合させているかのようなことである。ただ、注意しなければならないことは、年金給付が、元々量化することが質的に求められている給付であるということである。すなわち、年金（保険）については、ある金額が給付されることによって、制度目的を質的に達成するものとされているのである。一見したところ、「保険給付」と「滞納」とを接合させているかのような年金（保険）も、「滞納」を「支給要件」や「保険給付の額」と接合させるべきではなく、社会的連帯の義務の不履行という位置づけでとどめることを要請しているのである。年金（保険）における「滞納」について、社会的連帯の義務の不履行という位置づけをせずに、「支給要件」や「保険給付」と直結さることは、「個々人の保険給付」と「当該個人の保険料」を接合させることとなり、「払っただけ元が取れるのか」という発想を生み出してしまうことになる。

142　第4部　「給付」・「費用」／「権利」・「義務」について

社会保障法における「受給権」とその保護について考える

テーマの設定

［社会保障法における受給権とその法的保護］で第1に考えることは、「社会保障法における受給権」や「給付として受けたもの」についての独自性について、社会保障関係法に規定された具体的な姿を介して、それらに見られる基本的な考え方がどのようになっているかということについてである。考えるための基本となるものは、そもそも、社会的な給付とは何かということである。そして、そのこととの関係で、社会的な給付がその機能を十分に発揮することができるためには、どのような法的保護がなされなければならないかということである。

［社会保障法における受給権とその法的保護］で考えなければならない第2番目のことは、①「社会的給付を受ける権利」自体を本人の意思によって他人に譲渡できるか、②「給付されたもの」についての自由な処分権があるのか、③さらには、「受給したものを処分した結果」がそれ以降の受給権に影響を及ぼすことになるのか、というようなことをめぐってである。

この章で考えることの道筋
I 目　的
II 社会保険関係における受給権の保護（実際・考え方）
III 公的扶助における受給権の保護（実際・考え方）
IV 「受給権」／「税金」と「保険料」（実際）
V 「受給権」／「税金」と「保険料」（言説・混乱）

目的──[社会保障の受給権の特質について理解する]こと

　社会保障の権利を明確なものにするためには、受給権を明確なものとすることが求められる。そのためには、まずは、受給権の性格を明確なものにする必要がある。それにもかかわらず、社会保障の権利についての議論は、従来、ともすれば、「より多くの給付を」というような量的なものを追求しがちであった。

　社会的な給付というものは、その有する基本的性質から、給付が確実になされることによってその期待された役割を果たすものである。それは、給付を受けた人々の生活にとってのみならず、社会的な給付に関するさまざまな制度が存在している根幹にもかかわることである。その意味で、社会的給付を受ける権利は、恣意的に左右されるものであってはならず、その権利は社会的に保護されていなければその期待された役割を果たすことができないものと位置付けされている。ただ、社会的な給付を受ける権利は保護されなければならないとしても、そのことが、社会的給付を受ける権利を一私人の自由な意志によって左右し得ないという結果に直結するか、否かは検討を要することがらである。社会保障法における受給権とその法的保護について考えることの重要性は、社会的な給付を受ける権利について、（受給権者本人を含めた）一私人の自由な意志がどの程度介在しうるかというテーマとも関係している。

　さらに考えなければならないことは、いったん給付された後には、社会的な給付としてなされた金品は、受給した人々の自由な意思による処分が可能なものに変容するといえるかということについてである。

　社会的な給付と個人の財産権や所有権との関係について考えるならば、社会保障法における受給権とその法的保護について考えることの重要性を理解できるであろう。

社会保険関係における受給権の保護（実際・考え方）

健康保険法は「保険給付を受ける権利は、譲り渡し、担保に供し、又は差し押さえることができない」（61条）とし、「租税その他の公課は、保険給付として支給を受けた金品を標準として、課することができない」としている（62条）。同様の規定は国民健康保険法にも見ることができる（67条、68条）。このような規定が存在するに至ったのは、何も戦後のことではない。健康保険法についていえば、同様の規定は1922年の制定当初から存在していた（制定当時の健康保険法68条、69条）。

介護保険法については、その25条で「保険給付を受ける権利は、譲り渡し、担保に供し、又は差し押さえることができない」としている。さらに26条では、「租税その他の公課は、保険給付として支給を受けた金品を標準として、課することができない」としている。

最後に、年金（保険）関係で見てみよう。厚生年金保険法は「保険給付を受ける権利は、譲り渡し、担保に供し、又は差し押さえることができない。ただし、年金たる保険給付を受ける権利を別に法律で定めるところにより担保に供する場合及び老齢厚生年金を受ける権利を国税滞納処分により…差し押える場合は、この限りでない」（41条1項）とし、「租税その他の公課は、保険給付として支給を受けた金品を標準として、課することができない。ただし、老齢厚生年金については、この限りでない」（同条2項）としている。そして、同様の規定は国民年金法にも見ることができる（24条、25条）。

社会的な給付は、確実に給付されることによって、制度の期待する役割を果たすことになるから、このような「受給権」保護の考え方が妥当することになるが、高齢者の年金については、それが所得の主要なものであることから、異なる取り扱いがなされている。

公的扶助における受給権の保護（実際・考え方）

　生活保護法を見てみよう。生活保護法の56条は「被保護者は、正当な理由がなければ、既に決定された保護を、不利益に変更されることがない」とし、57条は「被保護者は、保護金品を標準として租税その他の公課を課せられることがない」としている。さらに、58条「被保護者は、既に給与を受けた保護金品又はこれを受ける権利を差し押えられることがない」とし、59条は「被保護者は、保護を受ける権利を譲り渡すことができない」としている。

　社会保険関係法による金銭給付が、多少の減額があったとしても最低限度の生活が不可能になるというものではないと位置づけされているのに対して、公的扶助については、課税されたり減額されたりすると、最低限度の生活が不可能となるという位置付けがなされているのである。生活保護法が58条で「被保護者は、既に給与を受けた保護金品又はこれを受ける権利を差し押えられることがない」としているのはそのこととも関係している。

　公的扶助については、「社会的給付」と「個人の財産権」との関係は複雑であり、考えるための道筋も複数ある。受給権の保護に関係する問題として、「いったん受給した金銭」を「将来のことを考えて、それを蓄え、それが一定の額に達した場合」、その預貯金などを「利用しうる資産、能力、その他あらゆるもの」として考えるか（補足性の原理）、というようなことをあげることができる。いわゆる「学資保険についての事件」（判決）についていえば、いくつかの争点があったが、①「生活保護の給付として受給した金銭」についての自由な処分権と、②「受給した金銭を貯蓄するなどして一定の額に達したこと」を、「自立」との関係でどのように位置づけるかが考え方の基礎をなしている。

146　第4部　「給付」・「費用」／「権利」・「義務」について

「受給権」／「税金」と「保険料」(実際)

　日本の社会保障の中軸となっているものは社会保険である。その社会保険については、「保険料の負担」と「保険給付」が結び付けられて論じられることが多い。とはいっても、今日では、社会保険の制度においては「税金」が費用としての大きな役割を果たしている。

　国民年金でいうなら、「政府は、国民年金事業に要する費用に充てるため、保険料を徴収する」(87条)としているが、他方で、「国庫は、毎年度、国民年金事業に要する費用……に充てるため、次に掲げる額を負担する」とし、その中に「当該年度における基礎年金……の給付に要する費用の総額……から第二十七条第三号、第五号及び第七号に規定する月数を基礎として計算したものを控除して得た額に、一から各被用者年金保険者に係る第九十四条の三第一項に規定する政令で定めるところにより算定した率を合算した率を控除して得た率を乗じて得た額の二分の一に相当する額」(85条)としている。このことは、40年という全期間にわたって「保険料全額免除」であった者については、20年間の保険料納付済みと同じ金額が給付されることと関係している。

　介護保険の費用については、おおざっぱにいえば、一部負担金を除いた残りの50％が保険料であり、50％が税ということになっている。国の負担は「介護給付……及び予防給付……に要する費用の100分の20」(121条)と、調整交付金「100分の5に相当する額」(122条)であり、都道府県の負担等は「100分の12.5」(123条)、市町村については一般会計における負担「100分の12.5」(124条)とされている。

　社会保険の給付のための費用の多くに「税」が入り込んでいることから、受給権を保険料の負担や納付と強く結びつけて考える考え方は十分なものではない。

「受給権」／「税金」と「保険料」（言説・混乱）

　社会保障の受給権については、様々な言説がまかり通っている。例えば、「年金は出したから貰える」、「少ない年金で生活している人より、生活保護の人たちはたくさんもらっている」、「税金から生活保護をもらっているのに、ギャンブルにいっている」というようなものがソレにあたる。さらに、公的扶助（生活保護）の受給権については、「税金」で生活しているにもかかわらず「贅沢している」だとか、「子供が塾にいっている」というようなことがいわれることさえある。確かに、生活保護のような公的扶助については、費用は「税金」で賄われており、社会保険においては、「社会保険料」と「税」で賄われている。そして、そのようなことの対比を基として、「私たちは、長年払ったのに、少しの年金しかもらえない」ということがいわれたりする。このような発言の基礎をなしている考え方は、「自分の負担した保険料」と「自分の受給権」を接合して考えるというものである。たしかに、「高齢」を給付事由とする年金では、そのような面がないわけではない。しかし、長年納付したとしても66歳で死亡したら、そこで「失権」ということになる。それについては、「掛け捨てだ」と考えるのではなく、死亡したことによって「長生きすることによって生じる所得保障の必要性がなくなった」と考えるわけである。

　このように考えることができる背景にあるものは、前のページで見たように、社会保険の制度であっても、費用として多くの「税」が投入されているという事実である。受給権の基礎をなしているのは、「必要性があるから」という考え方と、「負担したから」という二つの考え方がミックスされた考え方であり、それが実際の制度にも反映されている。

「負担すること／負担したこと」と「受給権」との関係から考える

テーマの設定

「負担すること／負担したこと」とは何であろうか。とりわけ「受給権」との関係でどのように考えられるべきであろうか。

「保険給付」との関係で「保険料」が語られるという構造は、近年の議論の特徴をなしている。そのような論調は、「受給権」と「保険料」の負担を属人的に接合させて語るところまできている。「払った分だけもらえるのか」というような「損得勘定」のようにもみえる議論がその典型的なものである。その「損得勘定」論には制度の根幹にかかわる質的なものが内包されていることを見逃してはならない。なぜなら、「損得勘定」のように語られるものであっても、そのような語り方は瞬間的に生じることはないからである。人々は、それまでの数多くの経験（たとえば、脈絡がないように感じられる制度改正）との関係で、目の前で生じた事件（たとえば、「消えた年金記録」や「後期高齢者医療の保険料」）を受け止め、言語化するのである。「連帯」する意識が消滅し、分断された個々人が姿を表わすのである。

この章で考えることの道筋
I 目 的
II 「支給要件」・「給付内容」から見た「社会保険料」
III 「負担すること／負担したこと」と「受給権」
IV 「失権」から見た「社会保険料」
V 社会保険における「受給権」と「保険料負担義務」の相互関係から考える

目的――「「負担すること／負担したこと」と「受給権」との関係から考えて理解する」こと

　現実の社会保険の制度は、「保険料」の負担というものを、一方では、「個々人の権利と接合した義務」であるかのように表現し、同時に、他方では、「個々人の権利とは結び付きのない社会連帯的義務」であるかのように表現している。それにもかかわらず、様々な出来事に異を唱える議論のありようは、「保険料」の負担というものを、「個々人の権利と接合した義務」であるかのように構成する。このようなことは、特に、年金（保険）について見られることである。このようなことが生じているのは、「保険料」というものが、たとえば、①「政策誘導する際の理屈」、②「制度の具体的構造」、③「保険給付との関係」、④「さまざまな言説」、⑤「それまでの理解」、⑥「家計の具合」、⑦「税金の使いかた」、⑧「日常の不満」などとの関係で、人々の心の中に姿を現すことになっているからである。たとえ、制度の改変などを念頭に置く側が、制度維持との関係で「保険料」を語ったとしても、多くの人々は、「保険料」を日常生活にかかわるさまざまな場面に結び付けてとらえ、「私的な権利」に属人的に接合する「私的な義務」として構成し、語るようになってしまったのである。このような現状を目の前にしたとき、必要な作業は、「具体的な姿となって現れた制度」を生み出した複数の考え方のありようと、それらの相互関係を解きほぐすことである。

　「負担すること／負担したこと」と「受給権」との関係については、①受給できるのは負担したからである、②受給できるのは、必要性があるからである、という具合に考えることができる。実際の制度はそれらの考え方をミックスさせたものである。結果として、負担していても、必要性がなければ給付しない、という考え方も出てくることになる。

「支給要件」・「給付内容」から見た「社会保険料」

　年金給付というと、多くの人は老齢（基礎・厚生）年金をイメージする。このことから、「保険料」は、それを負担することによって、将来、自分が受給することになる「保険給付」と接合しているものとしてとらえられ、語られることが多い。この場合、たとえば、老齢基礎年金の支給要件にみられる「25年」（未施行であるが10年と改正されている）という期間の意味は、「当該個人の受給権」との関係として理解されることが多い。結果として、「負担しても元が取れないのではないか」というような発想が出てくることとなる。しかし、忘れてならないことは、年金給付の種類には、老齢（基礎・厚生）年金以外に、障害（基礎・厚生）年金や遺族（基礎・厚生）年金が存在していることである。これらについては、たとえば、遺族（基礎・厚生）年金に見られるように、「保険料」を負担したことがない者が（遺族として）「受給権」を取得することがある。また、老齢基礎年金の額の算出では、保険料全額免除期間の月数は、（2015年の段階では）二分の一の月数としてカウントされることになっていることも重要な事実である。こうなると、人々のなしている「保険料」の負担は、「その特定の個人の受給権のため」になされている私的な義務という意味以上に、「その時々で、所得の保障を必要としている（自分を含めた）人々のため」に果たされている社会連帯的義務という意味を持っていることが理解できる。

　さらに、医療保険の中心をなしている「療養の給付」についてみると、現行の医療保険制度では、「支給要件」・「給付内容」と「保険料を負担した期間や保険料額の多寡」との間には関係性が存在しないことは明確である。このことは、現行の介護保険制度における「支給要件」・「給付内容」と「保険料を負担した期間や保険料額の多寡」との関係と同様である。

「負担すること／負担したこと」と「受給権」

　「受給権」と「保険料」の負担の義務とを連動させて考えるべきかという観点から少しまとめてみよう。ここで鍵を握っていることは、①国民皆保険体制が達成された後の社会保険の意味について、それ以前のことと関連させて考え、②国民皆年金体制が達成された後の社会保険の意味について、それ以前のことと関連させて考えるという思考方法である。社会保障における社会保険制度を、個別の制度の寄せ集めとして考えるならば、「受給権」と「保険料」の負担との関係は、個々の制度の中での自己完結的な事柄として考えられることとなる。しかし、①制度が統合され平準化してきた歴史的経緯があること、②そして、そのような歴史的経緯が存在するためには、それを導く上位の価値の存在が不可欠であること、③さらには、制度間の財政調整がなされていることなどを踏まえれば、「受給権」と「保険料」の負担との関係については、「特定の個人の権利のための義務」というように接合的に理解されるべきではなく、それぞれが独立したものとして存在していると理解されるべきである。

　このことは、社会保険の歴史的経緯を踏まえれば一層明確になる。すなわち、「受給権」と「保険料」との関係について、経緯を踏まえて簡略化すれば、①まず、「単なる事実」が、「社会的に対応されなければならない事柄」であるとして、社会によって承認される、②続いて、それらのいくつかが、類型化された保険事故とされ、③そして、そのような保険事故に対応するための費用のありようとして「税」や「保険料」が考え出された、という具合である。制度が姿を現す過程を見ても、社会保険における「保険料」は、「受給権」のための前提をなすというようなものではなく、「受給権」とは独立的なものである。

「失権」から見た「社会保険料」

　年金（保険）制度においては、「支給要件」・「給付内容」と「保険料」の負担との間には、関係の曖昧さが残っているかのようである。しかし、「受給権の消滅」という観点からみた場合に、その曖昧さは姿を消すこととなる。「失権」については「死亡」が一般的なので「死亡」を取り上げてみよう。確かに、その「死亡」した人は長年にわたって「保険料」を負担していたかもしれないが、「死亡」したことによって、その人には「必要性がなくなった」と考えるのである。ただ、受給者本人が「死亡」したとしても遺族が残される、と考えるかもしれない。その場合は、また別の事柄として、残された人々について、「必要性があるか、どうか」を考えるという考え方をする。

　老齢（基礎・厚生）年金について見ると、老齢（基礎・厚生）年金の受給権は、「受給権者の死亡」によって消滅するとされている。障害（基礎・厚生）年金についても、障害（基礎・厚生）年金の受給権は、「受給権者の死亡」などの場合に消滅するとされている。さらに、遺族（基礎・厚生）年金について見ると、遺族（基礎・厚生）年金の受給権は、「受給権者の死亡」、「受給権者の婚姻」、「受給権者が養子になったとき」などに消滅するとされる。ここにある考え方は、社会保険における「受給権」が、あらかじめ類型化された「社会的に承認された必要性のある状態」に該当する場合に発生するとされている考え方であり、「社会的に承認された必要性のある状態」が存在しなくなった場合（例えば、死亡した場合）には消滅するとする考え方である。この場合、それまで負担・納付してきた「保険料」が意味あるものとして姿を現すことはない。生存していないのであるから、所得保障の必要性はないと考えるわけである。ただし、医療保険に見られる「葬祭料」の給付は、「死亡」したということによって、葬祭を行う者に対して給付されることになる。

社会保険における「受給権」と「保険料負担義務」の相互関係から考える

　社会保険の制度は、一方で「支給要件」や「給付内容」について定め、他方で、「負担の義務」について定めている。両者の相互関係については二通りの考え方が可能である。一つは、その特定の個人の権利が発生するのは、その特定の個人が負担義務を果たしたことの結果であるとする考え方である。もう一つは、ある個人の権利の状態とその人の義務とを別の独立したものとして考える考え方である。しかし、よく観察してみると、「保険料」というものが、①支給要件に組み込まれた（ように構成されている）義務のように構成されている場合、②（負担の義務が見えず）支給要件しか見えない場合、③負担の義務しか見えない場合、の三つのありようで存在していることがわかる。①は、「支給要件」や「給付内容」と「保険料」を接合させているように見えるが、②と③は「支給要件」や「給付内容」と「保険料」を分断させているかのように映る。しかし、これらは属人的に関連するものではなく、一方で「支給要件」や「給付内容」について定め、同時に、他方で「保険料」について定めているだけのことである。

　「支給要件」や「給付内容」と「保険料」を接合させるように構成することによって、「保険料」を「負担」し、「納付」する意識を高めることは有効であるかのように考えられる。しかし、納付率の低さという現実は、「支給要件」や「給付内容」と「保険料」を接合させる構成が、機能不全に陥っていることを示している。「保険料」を「属人的な権利に接合する義務」として構成するではなく、「社会連帯的義務」として再構成することが求められる。今後の社会保険は、「果たすべき社会連帯的義務」と、「社会的必要性をベースとした給付」とが、相互に独立性を有する方向へと向かうべきであろう。

考えるための補足テーマ――練習

「老齢についての年金」と「遺族についての年金」についての考え方

　「国民年金法」や「厚生年金保険法」によって「老齢基礎年金」や「老齢厚生年金」等の支給要件や年金額が定められている。それらを見ると少し不思議に見えることがある。それは、①保険料の額と、②保険給付の額、との関係が一様ではないことである。さらに、気にかかることは、「老齢についての年金」と「遺族についての年金」との関係についてである。「老齢についての年金」には、「負担」、「納付」したことと「保険給付」が比較的接合しやすいのに対して、「遺族についての年金」については、「負担」、「納付」したことと「保険給付」の間に強いつながりはなく、「保険給付」は「所得保障の必要性」と強く結び付いている。

「現物給付」と「償還払い（給付）」を巡る考え方

　まず確認から始めよう。①同じくビスマルクの社会保険の影響を強く受けたと考えられるにもかかわらず、②日本では「医療の現物給付」方式が採用され、③フランスでは「医療費の償還制」が採用された。この歴史的事実については以下のような発言がなされる。たとえば、①償還払いというものは、まずは、患者が医師に対して全額支払うのであるから、国民に対して医療の現物を保障するというものと比べれば不十分なものである、②医療の現物給付か医療費の償還制かという相違は、日仏の歴史的経緯から生み出されたものである。社会保障法研究の基礎をなすのは、どちらの制度が望ましいのかということを問うことではなく、日仏において生じた出来事に内在する論理構造を明確にすることである、さらには、③現物給付か償還制か、という問題は政策の選択の問題であって国民医療費の抑制という観点からは参考にすることもできる、

というようなものがそれにあたる。気がつかなければならないことは、最初にあげたものが、歴史的経緯による制度の差異に対して、(意識されているか、否か、は別として)「あるべき社会保障医療の像」という観点から評価を下しているということについてである。明らかに立場を異にするのは、①のような考え方と②のような考え方ということになる。両者の差異は研究の方法的差異となって表れる。具体的には、①あるべき像から社会保障をとらえて考えるという方法と、②歴史の中に論理性を見いだしながら考えるという方法という具合になる。どちらが社会保障法というものについて「考える」ということになっているかは改めて述べるまでもない。

「社会的給付」と「自己決定権」

「社会的給付」と「自己決定権」との関係も複雑である。ここでは、2点についてのみ簡単に述べておこう。ひとつは、「社会的給付」を拒否できるかということである。受給するに際して、申請を前提としている場合には、申請しないことも認められると考えることとなろう。ただ、児童福祉法などで見られる保護者という立場の者が介在する場合については、事情は複雑なものとなる。さらには、生活保護制度に見られる「職権保護」をどのように考えるかという問題もある。もうひとつは、感染症などについての医療の給付に関して生じる場合である。医療保険の給付であれば、保険医療機関などでの受診・受療をしない場合は、そもそも、療養の給付の対象とならないのであるが、「強制的な検診」や「強制的な入院」については、患者の側が「自分で何とかします。医療費のムダ使いですから医療は辞退します」という選択をできるのであろうか。

第5部

「圏域」・「空間」について
―「どこで」を巡る考え方で考える―

第5部の全体像

　社会保障において、「空間」＝「単位」とは、「価値を共有した生活はどのような単位でなされるのか」であるとか、「連帯の確保はどのような空間でなされるのか」というようなことについて考える枠組みとして存在している。第5部では、社会保障法における「圏域」・「空間」について、「どこ」で？　ということを巡っての議論の場を様々に設定することによって、社会保障法の独自性について考えることになる。社会保障法における「圏域」・「空間」について考える際の大雑把な手順は、①社会保障の制度で実際に使用されている「圏域」・「空間」というものがどのようなものなのか？　ということについて考え、②実際に使用されている「圏域」・「空間」のありようとは別に、どのような「圏域」・「空間」の設定が可能なのか？　ということについて考え、③「圏域」・「空間」が設定されるにあたっては、どのような道筋をたどることが必要なのかについての考え方についてということになる。

　最初に取り上げるものは、「国」・「都道府県」・「市町村」の役割である。その理由は、社会保障や社会保険の制度で実際に使用されている「圏域」・「空間」というものがどのようなものなのか？　を知ることを基礎にして、「人々の日常生活におけるニーズ把握」から「制度の実施」までが、実際の制度においてうまく機能することになっているかが検証出来るからである。2番目に取り上げたものは「移動の自由」を巡る議論である。これについては、①人々は「移動の自由」を基本的に有している、②社会保障や社会保険の制度を見れば、「地域間で異なる状態」となっているものがある、③とすれば、「地域間で異なる状態」となっている制度と、基本的に保障されている「移動の自由」の関係を、「平等性」や「制度の安定性」との関係で整理しなければならない、等を理由としてあげることができる。3番目に取り上げたものは「私的扶養の空間」と「社会連帯の空間」を巡る考え方である。「空間」を採りあげたのは、①社会保障法研究にとって重要なテーマを構成する「共有され

た心配事」についての意味が、「空間」を検討することによって可能となること、②「空間」についての考察によって、[「生存権」と「社会連帯」]の相互関係に関する素材が入手可能となること、という理由からである。4番目に取り上げたものは「連帯」の生成を巡る議論である。その理由は、社会保障や社会保険を維持するにあたって不可欠なものとして、職域や地域という一定の範囲における「つながり」があり、そのような「つながり」は「課題の共有」＝「連帯」によってつくられるからである。5番目に取り上げたものは「国際化」を巡る議論である。これについては、①実際の社会保障や社会保険は、国別に実施されていることが基本である。②とはいっても、「ヒト」、「モノ」、「カネ」等が自由に移動する時代になっていることも事実である。③そのような社会状況において、今後の社会保障や社会保険のありようを、「国際化」を念頭に置いて考えることは不可欠の作業である、等を理由としてあげることができる。

第5部の具体的な構成
第1章　「国」・「都道府県」・「市町村」の役割から考える
第2章　「移動の自由」から考える
第3章　「私的扶養の空間」と「社会的連帯の空間」を巡る考え方で考える
第4章　「連帯」の生成から考える
第5章　「国際化」から考える

「国」・「都道府県」・「市町村」の役割から考える

テーマの設定

「国」・「都道府県」・「市町村」と言えば、私たちは一定の空間をイメージする。それでもいいわけだが、社会保障にとって重要なことは「国」・「都道府県」・「市町村」の役割である。問題となって現われることは、人々の日常生活の実際が、「国」・「都道府県」・「市町村」の行政的な圏域を超えていることと関係している。すなわち、「国」・「都道府県」・「市町村」の税金を使って実施される諸施策に妥当性を付与しているのは、その背景に、その空間で生じる様々な出来事を「住民」の共通した心配事・関心事とする考え方があるからである。では、①行政的な意味を持っている「国」・「都道府県」・「市町村」という空間と、②様々な出来事が生じる実際の日常生活の空間について、その相互関係をどのようなものとして考えればよいのだろうか。

この第1章では、「行政の圏域」と「生活の圏域」を念頭において、社会保障の法関係を考えることとなる。実際の制度枠組みについても考えることは大切であるが、社会保障法についての考え方の中にある「連帯」や「公共性」ということについて重要なヒントを与えてくれる「空間」や「関係」ということについて考えることも大切である。

この章で考えることの道筋
I 目　的
II 「空間と機能」についての考え方
III 制度の具体例
IV 「国」・「都道府県」・「市町村」の棲み分け
V 「国」・「都道府県」・「市町村」の重層性

目的——なぜ「国」・「都道府県」・「市町村」の役割について考えるのか

　あまり馴染みのない法律であろうが「医療法」という法律を取り上げてみよう。私たちが病気やけがをした場合にお世話になるのが病院・診療所である。その病院・診療所の開設や廃止については、都道府県が大きな役割を担っている。もう一つ忘れてならないものがある。それは「健康保険法」や「国民健康保険法」である。これについては、おもに「国」と「市町村」が関係している。読者の中に、リタイアした人や自営業の方がいれば、その多くの人々は市町村の「国民健康保険法」の被保険者となっている。

　ところで、Ａという「市町村」に住んでいるひとは、その「市町村」にある病院や診療所で受診する義務があるのであろうか。そのような義務はなく、実際に皆さんがやっているように、「市町村」の境目を越えて受診することも多い。ということであれば、社会保障の権利や義務について考える際に、皆さんが税金や保険料を払っている「市町村」と、実際に受診している病院や診療所の所在場所との関係をどのように考えたらいいのであろうか。考え方は大きく分けて二つある。一つは、「行政の圏域」を念頭において、税金や保険料を払っている「市町村」＝そこで形成されている連帯＝をベースに考えるというものである。もう一つは、「生活の圏域」を念頭において、自由に移動して受診をしてよいという考え方である。制度的にいえば、現実は移動して受診してよいということになっている。ただし、介護保険制度では異なる対応の仕方をしている。ということから、実際には、バランスをとって現実のことが判断されることになるが、そこには、社会保障というものを実際の「生活」と関係づけて考えるか、否かという大きな問題が横たわっている。

162　第5部　「圏域」・「空間」について

「空間と機能」についての考え方

　社会保障法について考えるにあたって、「空間と機能」とは何だろう。私たちは「私的な空間」、「公的な空間」等という言葉を使うが、それはいったい何だろう。

　完璧な定義はできないものの、「一定の範囲内での共通した利害関係が働く」ということを念頭に置いてもらえばそれでいいだろう。「ここは禁煙です」というカフェでのルールや、「たばこを吸われる方は喫煙ルーム」でという場合がそれに当たる。ところで、国や自治体で、（一定の仕組みとなっている）社会保障を実施する場合、どうしても避けられないのは、「ある人のある状態」をどのようなものとしてとらえて、それに対応するか？ということである。「それは国のやることだ」から始まって「自己責任」に至るまで、「そこで生じていること」について、何らかの対応が求められるとしたら、「特定の個人について生じたこと」をどの範囲まで広げて「共有されたこと」に読み替えることが可能なのであろうか。ここに登場するのが「空間と機能」ということになる。少し難しい？

　私たちは、当然のことのように都道府県や市町村があるという時代に生活している。そして、市町村での住民税、都道府県での自動車税等々を納付している。それらは（それに納得するか否かは別として）、そのような一定の空間（圏域）での、共通した利害に対応する「公共性」というものの存在（必要性）を前提としている。このように、社会保障法について考える際には「空間と機能」は大切な役割を演じることとなる。もちろん、既存の都道府県や市町村が、そのままの形で、社会保障にとっての「空間と機能」となっているかは疑問である。なぜなら、人々は都道府県や市町村の境目を越えて日常生活を送っているからである。

5・1　「国」・「都道府県」・「市町村」の役割から考える

制度の具体例

　考えるための具体例を取り上げよう。まずは年金（保険）について。「老齢」に関する年金は、受給する人がどの都道府県に住んでいるか、どの市町村に住んでいるかを問わないこととなっている。その人がどれくらいの期間「納付済み」であるのか、その人の被保険者期間の「報酬額」がいくらであったのか等が問題となるのであって、その人がどこに住んでいるのかは問題とならない。では、都市部で高い月給をもらって、その後退職して、物価の安いところに住めば……ということになるが、それも問題とはされていない。ひょっとすると、近い将来、「住所地がどこであるかによって、支給される年金の額に変動がある」というような制度ができないとも限らないが、実施するためにはかなりの課題がある。この『本』を読んだ役所の人…ネタをパクラナイデネ。

　では、医療保障についてはどう考えるべきだろう。医療保障についての制度は、事情が複雑になる。①市町村ごとの国民健康保険があり、それらは、所得額が同一であっても、どの市町村の国保であるかによって、保険料額が変わってくる。そして、②「医療の供給体制＝病院や医師＝」については、住んでいるところがどこかということによって、格差が出てくる。これは、介護保険についても同様である。制度を利用しない人にとっては「保険料が低額である」ところがよいであろうが、制度の利用を必要としている人にとっては、「供給体制が充実している」ところがよいということになるであろう。

　生活保護については「級地主義」という考え方があることから、東京の23区内で受給し、物価の安いところで消費者としての生活をした方が楽であるということになるであろう。

「国」・「都道府県」・「市町村」の棲み分け

「ある出来事（＝例えば高齢者の介護）」について社会的な給付をなす場合に、「誰」が、「誰」に対して、「どのように」給付すると考えるべきであろうか。

まず財源。本人の負担を含めて、これについては、なかなか複雑である。考える基軸は、「ある人の状態」というものについて、それがどのレベルでの「共有された事柄」という具合に人々に納得されるかがカギを握っている。そして、ニーズの把握。これは、生活実態が重要なカギを握っているので、（基準や方法は国が作るとしても）住民に近い自治体が担当することが望ましいということになる。さらに実際の給付。給付についても、ニーズの把握と同様に、生活実態が重要なカギを握っているので、住民に近い自治体が担当することが望ましい。しかし、給付のためには費用が必要となるし、業務量からいっても、小さな規模の自治体では困難であろう。

介護保険を例にとれば、保険者は「市町村」であり、費用は、（本人や被保険者の保険料とあわせて）「国」・「都道府県」・「市町村」がそれぞれ負担しているものの、構造は重層的でもある。ニーズ把握は、主に、保険者である「市町村」が行っている。また、供給体制である事業者の指定については「都道府県」が関係している。

このように、制度についての歴史的な経緯を反映して、社会保障関係での「国」・「都道府県」・「市町村」の棲み分けは行われている。いずれにしても、考えるにあたって基礎をなしているのは、「ある出来事」が、①どのレベルでの「共有された心配事」となっているのか？　②「ある人」の「ある出来事」をどのようなものとしてとらえるのか？ということになる。考え方はそのようになっていても、実際の姿が適正なものとなっているかは別問題である。

「国」・「都道府県」・「市町村」の重層性

　国レベルでの「共有された心配事」(国としての全体的なテーマ)について対応するに際しては、「国」・「都道府県」・「市町村」は、とりわけ「費用の面」と「行政計画的な面」で重層的な構造をとっていることが多い。

　日本では、①「高齢者の介護」の実態と、②「社会的入院」などによる「費用」の問題が、国レベルでの問題となったことにより、「介護の社会化」が制度として実現した。その具体例である介護保険制度では、費用の50％を保険料で、残りの50％を公費で賄うとされているが、その内訳は、介護給付(介護保険施設及び特定施設入居者生活介護に係るものを除く)については、国が100分の25(121条・122条)、県が100分の12.5(介護保険法123条)、市町村の一般会計が100分の12.5(124条)を負担することとなっている。この割合が変化するとしても、重層性を示している基本的な考え方には変わりはない。生活保護についても重層性は認められる。すなわち、国は、市町村及び都道府県が支弁した保護費、保護施設事務費及び委託事務費の4分の3を負担しなければならないということになっている(生活保護法75条)。

　同様の重層性は老人福祉法による老人福祉計画(第3章の2)の策定にも見ることができる。すなわち、「市町村は、老人居宅生活支援事業及び老人福祉施設による事業……の供給体制の確保に関する計画……を定めるものとする(市町村老人福祉計画)」(20条の8)としており、さらに、「都道府県は、市町村老人福祉計画の達成に資するため、各市町村を通ずる広域的な見地から、老人福祉事業の供給体制の確保に関する計画……を定めるものとする」(20条の9)としている。

「移動の自由」から考える

テーマの設定

日本国憲法は、その第22条で「何人も、公共の福祉に反しない限り、居住、移転及び職業選択の自由を有する（第1項）とし、「何人も、外国に移住し、又は国籍を離脱する自由を侵されない」（第2項）としている。重要なことであるし、当たり前のことのようであるが、社会保障との関係では、結構複雑な問題を提起することとなる。

「移動の自由」というようなテーマについて考える際に前提的なものとして考えておかなければならないことは、まず、社会保障のサービスを受けることを日常生活との関係でどのように位置づけるかということである。具体的に言えば、「入院や入所という状態」は日常性から切り離された特別なことと捉えるべきなのか、あるいは、日常生活の中に位置づけされることとされるべきなのか、ということである。そして、次に考えなければならないことは、「ある人の入所」を「どのレベルでの共有された心配事」とするのか＝どこで、誰が費用を負担したり、サービスを提供するべきか、ということである。

このようなことを考えると、「移動の自由」から考えるということは、実際の問題として結構複雑な問題を提供してくれることとなる。

この章で考えることの道筋
I　目　的
II　社会保障における「生活の圏域」という考え方
III　「生活の圏域」と「行政の圏域」との関係についての考え方
IV　［「移動の自由」と「入院・入所」］を巡る考え方
V　［「移動の自由」と社会保障］との関係についての考え方

目的──「移動の自由」と「共有された心配事」との関係について考える

　一見したところ、あまり関係がなさそうな社会保障法と「移動の自由」というテーマであるが、実はとても深い関係がある。社会保障については、①人々の抱えている様々なニーズがどの圏域（＝レベル）での「共有された心配事」として考えられるのか、②対応するのに必要な「費用」について、どの圏域（＝レベル）で負担してもらうことで合意が得られるのか、というようなことは制度の基盤をなすとても大切なこととなる。そのことを念頭に置くなら、ある時点まで存在していたような「共有されたそこでの心配事」の基盤は、人々が移動することによって崩れてしまうこととなる。そのようなことから、社会保障と「移動の自由」との関係は考えなければならない多くのテーマを提供してくれる。

　とはいっても、社会保障に関係する多くの事柄は、既存の「国」・「都道府県」・「市町村」という行政の圏域を基盤として実施されている。今のところ「年金（保険）」については、あまり行政の圏域と関わりはないが、「同じ額の年金を受給しているのなら物価が安いところが経済的には楽だ」ということから移動が始まるかもしれない。逆に、「物価が安いところについては（生活保護のように）年金額を低くしよう」なんてことも始まるかもしれない。

　そうすると、実際の社会保障の制度について考える際に関係してくるのが「生活の圏域」という考え方である。私たちの日常生活が、「国」・「都道府県」・「市町村」を超えてなされることは珍しいことではない。そうすると、「生活の圏域」と「行政の圏域」との関係についての考え方を整理しなければならない。さらに、[「移動の自由」と「入院・入所」]を巡る考え方について考えることも不可欠なこととなる。

社会保障における「生活の圏域」という考え方

　基本的なこととして、念頭においておかなければならないことは、社会保障というものが、その人にとってのそれまで日常の生活を維持継続することが困難になった時に対応する制度である、ということについてである。「地域医療」や「地域福祉」はそのこととの関係で考えられなければならない。基礎にあるものは、その人が「医療」や「福祉」が必要な状態になったとしても、そのことによって、それまでの日常性が壊されることがあってはならないという考え方である。「医療」や「福祉」を非日常的なこととして考えるのではなく、日常性が損なわれた際に日常性を確保するために「医療」や「福祉」があるのであり、したがって、そのためには日常の生活の中に「医療」や「福祉」を位置づけることが求められると考えることが求められるのである。そうすると、「高度な医療」とまではいかなくても、「中程度の医療」は人々の「生活の圏域」で確保されることが望まれることとなる。重要なことは、この「生活の圏域」というものが、必ずしも「行政の圏域」と重なるものではないということに気がつくことである。高齢者の入所についても同様のことが言える。「生活の圏域」という場合、それは、病院や施設を利用する本人についてのみについていえるのではなく、見舞いや面会に来院・来所する人々との関係においても考慮されなければならない。病院や施設が日常性の中にあることによって、地域の人々にも病院や施設が日常的なこととして意識化されることとなるのである。

　社会保障における「生活の圏域」という考え方が持っている重要な意味は、病院や施設が日常生活化するということにある。それは、人々の暮らしている地域が「病院化」・「施設化」することとは反対方向を向いているのである。

「生活の圏域」と「行政の圏域」との関係についての考え方

　考えるための基本として、「生活の圏域」と「行政の圏域」との関係を念頭に置いておくことの重要性も忘れてはならない。ここには、「生活」と「制度」ということにかかわる大きな問題が横たわっている。

　私たちの日常生活の多くは、市民・消費者としてのものであって、そのレベルでは、あまり「〇〇市」の住民であることを意識していない。そして、「市の広報」、「住民税の督促」等が送られてきたりすると、「〇〇市」の住民であることを意識することになる。社会保障との関係でいえば、「介護保険料のお知らせ」、「国民健康保険料のお知らせ」が来ると「高いな──」となり、「ごみの分別」になると「〇〇市はよくやっている」ということになるが、時として「私はあまりごみを出していない。出すとしても、仕事場のある隣の△△市だ」となることもあるだろう。そうすると、生活の大半は「〇〇市」の住民としてのものではなく、広い意味での市民（消費者）としてのモノではないかということにもなりかねない。「〇〇市」に税金を払い、保険者としての「〇〇市」に保険料を納付しているものの、「〇〇市」の住民として生活している部分とはどの部分であろうということになる。このように、「生活の圏域」と「行政の圏域」とは、一見すると別物で、対立的なもののようであるが、歴史的経緯や地理的条件を考慮して「行政の圏域」が形成されてきたことを考えれば、両者は相互規定的である面もある。

　政策に反映させようとする際に重要なことは、中核となる病院を中心にして、そこから同心円的に円を描いて距離を測ってしまわないことである。重要なことは、地域の人々が公共交通機関等を利用して移動、アクセスできる距離と時間である。このようにして得た「生活時間」をベースに地図を書いてみると地図の形が変わってくることに気がつくことだろう。

[「移動の自由」と「入院・入所」] を巡る考え方

　老人福祉法によれば、65歳以上の者に対する福祉の措置は、「その65歳以上の者が居住地を有するときは、その居住地の市町村が、居住地を有しないか、又はその居住地が明らかでないときは、その現在地の市町村が行うものとする」とされている。「入院・入所」する以前はそれでいいのだが、「入院・入所」した場合には、しばらくたつと、その人たちの生活の拠点は病院や施設ということになる。ただし、一定の場合、「その65歳以上の者が入所前に居住地を有した者であるときは、その居住地の市町村が、その65歳以上の者が入所前に居住地を有しないか、又はその居住地が明らかでなかつた者であるときは、入所前におけるその65歳以上の者の所在地の市町村が行うものとする」とされることもある（老人福祉法5条の4）。介護保険についてはさらに複雑なことが生じることもある（住所地特例対象施設に入所又は入居中の被保険者の特例等・介護保険法13条）。要するに、たとえば、[①地域⇒②入院⇒③入所⇒④入院] というようなことがくり返されることは、誰にでも生じうることであり、そのことは、①「住所」、②「制度」と深く関わっているのである。

　このようなことが生じることの背景には、市町村が負担する費用の問題がある。すなわち、ここにあるのは、①「入院・入所」するまでの日常生活が維持・継続できるようにすることの重要性、②とはいっても、「入院・入所」施設の豊富なところに住民が移動してしまったら、「入院・入所」する以前に住民税や保険料を払っていないところの住民となり、施設の豊富な自治体は財政的に逼迫することが予想されることとなる。このような二つの大きな課題が現実の問題として生じることから、日常生活の中で保障されている移動の自由は、実は、「入院・入所」をめぐって複雑な利害関係を引き起こすこととなる。

5・2　「移動の自由」から考える　171

[「移動の自由」と社会保障]との関係についての考え方

　生活をしている人々にとって、「移動の自由」も「社会保障」も、ともに大切なことである。

　A市とB市はとなり合わせの市である。甲さん一家はB市の住民である。そして、甲さんの家はA市とB市との境目にある。ところで、B市には大きな工場などがあることから、甲さんの住民税は安く、しかも中学生までは医療費の一部負担金を償還してくれる制度がある（夢のようだ!!）。ここまでは結構な話だ。その甲さんの子供が夜中に高熱を出し、なじみのB市の病院では受け入れてくれず、すぐ近くのA市の診療所で対応してもらった。窓口で一部負担金を支払って「後で、医療費の一部負担金を償還してくれるんですよね」といっても、お医者さんは「きょとん」としている。このようなことはよくある話である。

　ここに横たわっているのは[「移動の自由」と社会保障]との関係についての考え方である。しかも、国レベルで定められている給付以上のことを市町村で実施していると、実態は複雑化し、人々の認識も混乱するようになってくる。日本全体で統一規格となれば解決しそうであるが、それぞれの都道府県や市町村は、競うように（というほどでもないが）、住民サービスに努めている。確かに、住民票はどこに置こうが、そこが生活の拠点であればよいことになっている。そして、買い物、勤務、観光旅行等、私たちは日常的に移動している。このようなことの中で生じていることを制度的な理屈として考えようとするなら、「国境」を念頭に置くと理解しやすいであろう。パスポートビザで「国境」越えて移動することがある。しかし、海外では日本の医療保険証は意味がない。ただし、処方されたものの書類や領収書などを持って帰れば、日本国内で、「療養費の支給」（償還払い）として意味を持つこともある。

172　　第5部　「圏域」・「空間」について

「私的扶養の空間」と「社会的連帯の空間」を巡る考え方で考える

テーマの設定

社会保障の給付が必要となる状態が発生する「空間」とはどのようなものなのであろうか、そして、保障給付の対象となる「空間」とはどのようなものであろうか、さらには、負担義務が発生する「空間」とはどのようなものであろうか、ということを意識して、社会保障法における「空間」という枠組みのもとで考えてみることは大切だ。なぜなら、社会保障法について考える際に、重要なテーマとなる［「主体」と「関係性」との関係］の整理が、「空間」を検討することによって可能となるからである。さらには、「空間」についての考察によって、［「生存権」と「社会連帯」］の相互関係に関する素材が入手可能となることも忘れてはならない。考えることの道筋は、テーマとしての「空間」がどのように扱われているのかを、①要保障状態の発生「単位」としての「空間」、②保障給付の対象「単位」としての「空間」、③負担義務の発生「単位」としての「空間」というレベルで捉えて、それを踏まえて、社会保障における「空間」についての一般的構造について理解し、その一般的構造の中で具体的な制度がどのようになっているのかについて考えるというものである。

この章で考えることの道筋

I 目　的
II 「空間」を扱うにあたっての注意点
III 要保障状態が発生する「空間」
IV 社会保障給付の対象としての「空間」
V 負担義務の発生する「空間」

目的——「社会保障」にとっての「空間」について考える

　実際の制度を見ると、「年金（保険）」については、負担の場面でも、受給の場面でも、その人がどこに住んでいようが地域差はない。ところが、生活保護や介護保険については、その人がどこに住んでいるかによって基準額についての地域差がある。このようなことを社会保障法の問題として考える際にどのように考えたらいいのであろうか。ここでカギを握っているのは「共有された心配事」がどのような関係で生じたり消えたりしているのか、についての考え方である。

　「ある人」の「傷病」が、本当に「共有された心配事」になるのであろうか。そのありようについて、「関係」＝「空間」を念頭に置いて考えてみよう。まずは「主体」からためしてみよう。①「ある人」にあたる人が「妻」である場合、「ある人」の「傷病」は、「妻＝病人」と「夫」との間での「共有された心配事」になることが多い（だろう）。②「ある人」にあたる人が「妻」であり、子どもたちの「母」である場合、「ある人」の「傷病」は、「家族」の間での「共有された心配事」になることが多い。このような関係は、「私的扶養の空間」を生み出し、強化することとなる。次に、「生じた出来事」でためしてみよう。①「傷病」に当たる出来事が「すりきず」である場合、「ある人」の「傷病」は、「本人だけでの心配事」で留まることが多い。②「傷病」に当たる出来事が「猛烈な感染症」である場合、「ある人」の「傷病」は、「本人だけでの心配事」にとどまらず「社会に共有された心配事」となる。最後に、「主体」（横軸）と「生じた出来事」（縦軸）をクロスしてみよう。「ある人」にあたる人が「妻」で、「傷病」に当たる出来事が「猛烈な感染症」である場合、ここに現れる「共有された心配事」の形態は、「妻と夫の間の私的なもの」でもあるが、それ以上に、「社会に共有された心配事」となる。

「空間」を扱うにあたっての注意点

　社会保障法を成り立たしめている基本的な考え方は、対立軸を内包した幅のあるものとして存在している。「主体」についても、「関係」についても、このことは当てはまる。その対立軸の一方の「極」には「近代市民法的な考え方」を反映させたものが存在し、もう一方の「極」には「社会保障法的な考え方」を反映させたものが存在しており、両者は、常に、そして相互に「力」を及ぼし合っている。結果として、その軸上のどこかに位置づけされた「具体的なもの」＝「制度」＝は、常に揺らぎの状態にあることになる。例えば、社会保障をめぐる諸関係において、「空間」というものはどのような性質を持って存在することになるのか＝「関係性の性質」＝という観点から見るなら、社会保障法における「空間」は、主に、「私的扶養のための空間」と「社会的連帯のための空間」という「極」を持った対立軸を顕在化させることになる。「私的扶養」と「社会的連帯」という「極」を持った対立軸は、例えば、「貧困」という状態に対応すべきは誰なのか、というようなことについての考え方を提供してくれることになる。「抽象的な社会保障法が内包している基本的考え方」と、「私たちの前に姿を現した具体的な制度」とは、そのような関係にある。

　制度創設時にみられる様々な議論や裁判として現象する紛争状態は対立軸上の揺らぎであり、それは、社会保障法に内在している「考え方」が具体化する際のせめぎ合い＝「複数の力」の相互関係＝によって生じるものである。もし、Ａ［「近代市民法の主体」と「社会保障法の主体」という「極」を持った対立軸］（横軸）とＢ［「私的扶養のための空間」と「社会連帯のための空間」という「極」を持った対立軸］（縦軸）とによって構成される枠組みの中に、「具体的なもの」を位置付できれば、複雑そうにみえる制度の構造も把握できる。

要保障状態が発生する「空間」

　どのような「空間」で要保障状態が発生するのかについて考える場合、「結論」は、「私的扶養のための空間」と「社会連帯のための空間」という二つの「極」の間で揺らぐことになる。このような揺らぎは、「空間に課される要件を恣意的に変動させることが可能なもの」と考えるか、あるいは、「制度趣旨に照らして客観的に固定化させることが出来るもの」と考えるか、の違いによるものである。そのようなことから、要保障状態が発生する「空間」を考える際に、例えば、「世帯」は、「空間」として軸上で揺れながら、どこかに位置することになる。例えば、「児童手当」の制度との関係で、所得限度額を増減された結果、所得が限度額を超過してしまった「世帯」の場合に見られるように、「私的扶養のための空間」のような機能を持って「世帯」が現れたり、例えば、生活保護における「世帯単位の原則」によって期待された機能を担っている「世帯」に見られるように、「世帯」が「社会連帯のための空間」のような機能を持って現れたりすることとなる。

　頻繁に生じることではないものの、「個人」が、要医療の状態が発生する「空間」のようなものとして表れることもある。この場合、そのほとんどが「社会連帯のための空間」として表れることになる。ただし、被用者保険には、「被保険者の被扶養者」というカテゴリーの者が存在しており、これは、「私的扶養のための空間」と「社会連帯のための空間」という二つの「極」の間で、「被扶養者」が揺らいでいる例である。このような揺らぎは、多分に歴史的経緯によるものである。類似した揺らぎは、（被用者保険の被保険者である）国民健康保険の被保険者ではない世帯主が、国民健康保険の被保険者である世帯員のために保険料を納付する義務を負っている場合に見ることが出来る。

社会保障給付の対象としての「空間」

　社会保障給付の対象となる「空間」について、それを制度として具体化する際には、具体化されるもの＝例えば「世帯」＝は「私的扶養のための空間」と「社会的連帯のための空間」という二つの「極」の間で揺らぐことになる。その揺らぎは、①社会保障給付の対象としての「世帯」について、「社会保障給付の対象となる空間は、社会保障給付を受けた後には、その空間全体が私的扶養のための空間に転換する」と考えるか、あるいは、②「社会保障給付の対象となる空間は、社会保障給付の対象「単位」として社会的なまとまりをもって存在しており、社会保障給付を受けたとしても、その状態は変容するものではない」と考えるか、の違いによるものである。そのようなことから、社会保障給付の対象としての「空間」は、例えば、「児童手当」を受給している世帯にみられるように、社会保障として給付された手当が、受給後は「私的扶養」として機能することによって、「空間」が「私的扶養のための空間」のように現れる場合もあれば、例えば、長期にわたって生活保護を受給している世帯の場合のように「社会連帯のための空間」としての役割を維持・継続する機能を持って現れる場合もある。

　社会保障給付の対象となる「空間」について、それを制度として具体化する際に、具体化されるもの＝例えば「個人」＝が、「私的扶養のための空間」と「社会連帯のための空間」という二つの「極」の間で揺らぐこともある。例えば、生活保護の給付の対象となる「世帯」が、独居の生活保護受給者のみによって構成されている場合、補足性の原理との関係で、「個人」（の「世帯」）が自助努力をしているのかというような意味での「私的扶養のための空間」の役割を担うことになり、同時に、保護が実施された場合においては、「個人」が「社会的連帯のための空間」の役割を果たすことになる。

負担義務の発生する「空間」

　費用についての負担義務が発生する「空間」を、具体的な制度として表現する際に、具体化されるもの＝例えば「世帯」＝は、「私的扶養のための空間」と「社会連帯のための空間」という二つの「極」の間で揺らぐことになる。「世帯」が二つの「極」の間で揺らぐのは、社会保障の費用についての負担義務が発生する「単位」としての「世帯」（空間）について、①「社会保障の費用についての負担義務が発生する空間は、私的扶養の機能を補強するものとして負担をするものである」と考えるか、あるいは、②「社会保障の費用についての負担義務が発生する空間は、社会的扶養の機能を果たすためのものとして負担をするものである」と考えるか、という違いがあるからである。その結果、費用についての負担義務が発生する「空間」は、例えば、被扶養者の認定にあたっての「世帯」や、国民健康保険の被保険者としての資格がない「世帯主」が、その世帯に国保の被保険者があるときに負う保険料の納付義務のように、「私的扶養のための空間」のような機能を持って現れたり、例えば、世帯員の全体が国民健康保険の被保険者である場合の「世帯」のように、「社会連帯のための空間」のような機能を持って現れたりする。

　社会保障の費用についての負担義務の発生する「空間」を制度として具体化する際に、「個人」が、「私的扶養のための空間」と「社会連帯のための空間」という二つの「極」の間で揺らぐこともある。例えば、一人世帯の場合、国民健康保険制度の保険料の「均等割」と「平等割」との位置付けをどのように考えるかという議論はありうるだろう。滅多にないことであるが、「個人」が、「私的扶養のための空間」のような姿で現れたり、「社会連帯のための空間」のような姿で現れたりすることもありうる。

「連帯」の生成から考える

テーマの設定

「このような場合には社会保障の給付がなされる」であるとか、「ここまでは、税金を使って保障をする」という場合、そのような結論を得るための基礎をなしているものは実態としての「連帯」である。そして、実態としての「連帯」の基礎をなすものは「共有された意識」である。すなわち、「ある出来事」が、「社会的なこと」として共有されるに至るためには、「共有された意識」を基礎とした実態としての「連帯」が不可欠なのである。「共有された意識」が自発的に生まれることもあれば、権力者によって作り出されることもある。

「連帯」について考えるにあたって重要なことは、名前を付与されることになる「実態としての連帯」がどのように作り出されているかを知ることである。必要とされるのは、(名前は知らないとしても)かけがいのない仲間を創造することである。それにもかかわらず、「連帯という用語」が実際に果たしている機能は、むしろ逆の方向を向いており、「費用」を負担してくれれば誰でもよい＝お金であればどのようなところからのものでも良い＝というものとなっている。このような抽象化は、さらに深刻なことを生じさせることになる。「誰でもいいのね。わかった、私でなくてもいいのね」という関係が蔓延する。

この章で考えることの道筋
I 目 的
II 「連帯」という用語の使われ方
III 「連帯」の基礎としての「共有された意識」を巡る考え方
IV [「連帯」と「排除」]を巡る考え方
V 社会保障における[「生存権」と「連帯」]を巡る考え方

目的——「連帯」の生成から考える

　「なんらかの状態」を実感して、「あのような状態のことを、人々は、連帯という用語を使って表現している」ということを経験していなければ、「rentai（連帯）という表記」自体は何の意味をも持たない。もし、そのような「実態」＝「モノ」がなかったとしたら、私たちは、それに名前を付すことすらできないのだ。現代の日本において、「連帯」という「用語と実態」との関係は、そのような状態にある。したがって、「連帯という用語」が、かつてとは異なる脈絡で使用されたとしても、それに気づくことは困難であるし、異なる意味を込められて使用されることが横行したとしても、それに気づくことはできない。

　ある人々によって意味付与された「用語」について、他の人々がそれとは異なる意味を付与することは可能である。これは、まさに力関係である。したがって、避けなければならないことは、ある「用語」について私たちが付与した意味が、他の人々にも同じ内容物として理解されているのではないか、というような思い込みである。さまざまな価値観の下での開かれた生活を経験していないと、創出される「用語」と「その意味」との関係について、自分（たち）の考えていることが、勝手な思い込みであることに気づくことすらできない。「連帯とはこのような状態のことを意味しているのだ」といくら思い込んだとしても、「実態としての連帯」が存在していない場合には、「連帯」を積極的に意義付けすることは不可能（に近いもの）である。逆にいえば、「連帯」「rentai」という表記に全く新しい意味を込めて使用することも難しいことではないことになる。今日の日本はそのような危険な状況にある。

「連帯」という用語の使われ方

　「連帯」という用語が「制度の指導理念」として明確に姿を現している場面がある。具体的にあげるならば、①「国民生活の安定がそこなわれることを国民の共同連帯によって防止し……」（国民年金法1条）、②「国民の共同連帯の理念に基づき介護保険制度を設け……」（介護保険法1条）、③「国民の共同連帯の理念に基づき……」（老人保健法の改正による「高齢者の医療の確保に関する法律」1条）ということになる。ここにみられる事実は、いずれもが「国民の共同連帯」という共通した用語を使用していることである。そして、「年金」、「介護」、「医療」についての制度が財政的な危機に瀕したときに、制度を統合したり、財政調整をしたり、税を持ち込んだりする際に「国民の共同連帯」という用語が指導理念として使用されていることも共通した事実である。

　現代日本に限定するなら、社会保障全体にかかわりを持つように感じられている「社会連帯という用語」は、実は、公的扶助とは没交渉的なものであり、社会保険制度と親密な関係を持っているものとなっている。そして、その使用のされ方は、社会的扶養や相互扶助の基本を基礎付けるものから遠ざかり、「費用」を捻出するための「道具」へと変身している。

　事柄を、さらに明確にするために、戦時体制下の用語例を採り上げておこう。「……聖戦第四年に入りて外には東亞新秩序の建設愈々進み内には銃後の護り益々堅し……就中職員健康保険制度の使命は都会生活者の健康の保持増進並び其の生活安定を図るに在り、相互扶助の精神、社会連帯の理論より此の目的を達せんとす、其の意義誠に深し。……」（鈴木武雄『職員健康保険法解説』健康保険協会出版部、1940年、「序」の部分より。旧字体の使用はできるだけ避けるようにした。）。このように「連帯」という「用語」はどのような内容物でも込められるものなのである。

5・4　「連帯」の生成から考える　181

「連帯」の基礎としての「共有された意識」を巡る考え方

　「そこまでは、国によって保障されます」というような場面において、人々が悩むのは、「答えを聞かされた自分を、いかにして納得させるのか」ということについてである。答えを聞かされた各個人は、①「損得」で納得させようとする場合もあれば、②「理屈」で納得させようとする場合もある。このような個々人によって構成されている「社会」に光を当てると、前者によっては社会の分断が導かれ、後者によっては連帯の形成が導かれることとなる。人々が「自分を納得させる理屈」を手に入れることができた状態は、別の言い方をすれば、そこに、「連帯」の基礎としての「意識の共有」が形成されているということになる。その意味で、出来事が発生する以前からの約束事＝すでに「自分を納得させてきた理屈」＝を踏み外すことなく対応がなされているのであれば、多くの人々は結論の変動に対しての適応力を備えているし、費用の負担のために必要とされる「社会的な連帯」を構築することさえもする。

　「多くもらえれば納得するに違いない」という発想は避けられなければならない。そのような発想には、すでに、社会を分断する意図が含まれているからである。ここにかくれているさらなる危険性は、たとえ、基準のあいまいな量的な結論であっても、それを正当化するための「理屈」が付着していることにある。なぜなら、常に変動する量的結論に適合させなければならないことから、「場当り的」な「理屈の変更」がなされることになるからである。「理屈の変更」による対応は、「自分を納得させる理屈」を求めている人々の心からの要求に「理屈」で答えるものではない。なぜなら、「自分を納得させる理屈」を求めている人々の心からの要求＝連帯を模索した要求＝に対する「理屈の変更」による対応は、連帯の基礎をなす意識の共有を妨げることになるからである。

[「連帯」と「排除」] を巡る考え方

　「連帯」が形成される過程で生じることは、「閉ざされていた事柄が、単なる事実や個人的出来事としてあり続けることを止め、共有された事柄となること」を契機として、「それまでのものとは異なる、新たなひとつの関係を作り出していること」である。

　作り出された「連帯」はソレにとどまることをしない。閉ざされた空間（＝例えば家の中）でのみ通用していた価値＝紙切れ＝のことを、どこでも通用するものと思い込んでいるような場合に深刻なことが生じることになる。子供にとっての「子供銀行のお金」というものは、それが「閉ざされている状態」である＝どこでも通用するものではない＝ということ自体をなかなか気づかせてくれるものではない（だから、「子供銀行のお金」は遊具として意味を持っている）。私たちの日常は、自分でない人々との交流の連続で成り立っていることから、いやだと思っても、「自分たちの論理でない論理」が支配している世界に出かけていって、「自分のワールドではないワールドが存在していること」を互いに承認して成り立つことになる。ここで生じていることはとても重要なことである。「自分たちの考えている幸せ像を、隣の家に入り込んで強要してはいけない」（とされている）のである。その意味では、「DV」についての制度や「虐待」をめぐる現状（知らんふり・通報）は、お互いに境目を侵食している事例だといえる。千円札の例でいうなら、「相互に認め合う、どこでも通用する千円札」という概念を作り出していることになる。ところが、「どこでも通用する千円札」を作り出すというその関係は、実は、同時に、「認められない千円札というもの」を作っていること＝「排除」を生み出していること＝になっているのである。このことに気づくことは大切である。すなわち、「国民の共同連帯」を叫ぶ場面では、常に、「排除」を生み出していることに気付かなければならない。

5・4　「連帯」の生成から考える　183

社会保障における[「生存権」と「連帯」]を巡る考え方

　先ほど述べたように、「連帯という用語」が駆使されることによって、現実に生じている深刻なことは「排除」である。ところが、対立軸の上で「連帯」の反対側にあるモノは「排除」ではなく、「自己責任」であるかのように語られることがある。このような操作によって、奇妙なことだが、それと同時に、「連帯」と「自己責任」とが融和し、連動することも開始される。このようなことは、「遭難した人の救出費用」をだれが負担するのか？　というような場面でよく見られる。

　「連帯」について考える場合、必要とされているのは、「連帯」という名前が付与されることになる以前の状態＝「実態としての連帯」＝を作り出すことである。必要とされるのは、（名前は知らないとしても）かけがいのない仲間の創造である。それにもかかわらず、社会保障において「連帯という用語」が実際に果たしている機能は、むしろ逆の方向を向いており、（制度の持続のための）「費用」を負担してくれれば誰でもよい＝お金であればどのようなところからのものでも良い＝というものとなっている。顔が見えないこのような抽象化は、さらに深刻なことを生じさせることになる。「私のことを好きだと言っていたのに。わかった、誰でもいいのね」という関係が蔓延することになる。

　そうすると、「費用」を負担している人々と「給付」を受けている人々の関係は分断され、対立しているかのように描かれ、「少子高齢化」がそのような脈絡で語られることとなる。

　「連帯」と「自己責任」を無自覚的に対立軸の上に置く思考方法は、結果として「排除」生み出すことに結び付くことになる。大切なことは、[「生存権」と「連帯」]をそれぞれ独立した考え方であるとするのではなく、その両者を連結させる考え方を産み出すことである。

「国際化」から考える

テーマの設定

　私たちは［「グローバル化」と「社会保障」］という常套句を使用している。実は、このテーマは、社会保障法について考える際にかなりの難問を突き付けることとなる。各国が、その国の人たちのみに対して、制度を実施することで簡単に決着がつけはよいのだが、①人々が自由に移動するようになり、②しかし、社会保障の基盤に「連帯」という考え方があることから、実際には簡単に決着がつかないこととなる。なぜか？第5章で考えてきたように、職域や地域という一定の範囲において形成された「つながり」が、社会保障や社会保険を維持するにあたっての基盤をなしており、そのような「つながり」は「課題の共有」＝「連帯」によってつくられることになるからである。では、そのような「連帯」をグローバル化が進展している現実との関係で、どのように考えればよいのであろうか。ここで混同してはならないことがある。それは、①［「グローバル化する社会」と「社会保障」］と、②「社会保障のグローバル化」現象についてである。前者が、「グローバル化する社会」との関係で「社会保障」がどうなるかをテーマとしているのに対して、後者は、各国での独自性を備えた「社会保障」が「グローバル化」することをテーマとしている。

この章で考えることの道筋
 Ⅰ　目　的
 Ⅱ　［「グローバル化する社会」と「社会保障」］についての考え方
 Ⅲ　「社会保障のグローバル化」現象
 Ⅳ　［「社会保障」の「グローバル化」］の可能性
 Ⅴ　［「国境の移動」と社会保障］との関係

目的——「国際化」についてどのように考えたらよいかを考える

　歴史的に見た場合、社会保障は各国での事情を背景として、各国で生成したことを基礎としているが、しかし、そのような過程で無視できないことは、隣国や世界的な規模での動きがもたらす影響である。ヨーロッパで見るならドイツの影響を受けたフランスを挙げることができるし、アジアで見るなら、日本の介護保険の影響を受けた韓国を挙げることができる。ただ、そのような制度化が他の国の影響をうけたものなのか、独自の必要性に駆られた制度化なのかについては議論がある。

　今日的に言うなら、間違いなくいえることはグローバル化の進展という事実である。そのような中で、各国の社会保障制度がどのような影響を受けたのか、そして、どのような課題があるかは政策的な動向として検討しなければならない。

　社会保障法という観点から見た場合、各国での法が、そのような過程の中でどのような法的課題を抱えることになっており、将来どのように進んでゆくことになるかを考えることになるが、その際にどのように考えたらよいのかを考えることがここでの課題である。各国での制度は、その国の国民を主な対象者として制度を構築してきたが、その後は、国籍を問わない形での展開を見せている。量化が可能なニーズや量化が可能な給付であれば、グローバル化に対応することはあまり困難ではない。しかし、質的なことが問われる給付については困難が付きまとう。対人的な福祉のサービスや医療の現物給付のような場合は、供給体制やスタッフについて、一層の困難性が予測される。このような困難性を、現実のグローバル化を前提として考える際に、どのように考えることになるかを考えることがここでの目的である。

[「グローバル化する社会」と「社会保障」]についての考え方

　これについて考えることはそれほど困難ではない。考えることになる対象は、人々やお金が自由に移動し始めた環境のもとで、社会保障の負担と給付に関してどのように考えるのかということになる。日本を例にあげれば、①制度を実施している国（日本）の人が外国に出かけていく場合と、②外国人が日本（制度を実施している国）にやってくる場合とを想定して同時に考えなければならない。前者については、「制度を実施している国（日本）の人」が「制度を実施している外国」に出かける場合と、「制度を実施していない外国」に出かける場合とに分けて考えることが求められる。後者については、「制度を実施している国（日本）」に、「制度を実施していない国から来る」場合と、「制度を実施している国」から来る場合とに分けて考えなければならない。

　「両国とも制度を実施していれば問題は少ない」ということにはならない。例えば、人々を送り出す側が、社会保障の財政について「社会保険」で対応していて、出かけていく相手側が「税」で実施している場合には、考え方は少し複雑なことになる。「税」といっても、もし、すべてが「消費税」で対応されているのであれば、支給される要件として「国籍」は問いにくいことになる。

　[「グローバル化する社会」と「社会保障」]というテーマの立て方は、「グローバル化する社会」という現実の中で、社会保障を実際にどのように運用していくのか？　という、実際的なことが問われることとなるが、考える際には、それぞれの国での「生存権」や「社会連帯」というような制度の基盤をなしているもののありようが、実際の制度にどのような形で具体化されているかがカギを握ることとなる。

「社会保障のグローバル化」現象

　「社会保障のグローバル化」現象について考えることは、[「グローバル化する社会」と「社会保障」]について考えることとは少し異なることになる。現代社会においては、両者とも考えなければならない課題であるが、ここで考える「社会保障のグローバル化」現象とは、「社会保障」が「グローバル化」するためにはどのようなことが規定要因になっているのか？　ということを念頭に置かなければならない。いわば、「社会保障」のポータビリティが問われることとなる現実が生じているのである。「ヒト・モノ・カネ」の自由な移動と同じように、「社会保障」の自由な移動が起こっている現象を「社会保障のグローバル化」現象というのである。

　この現象が生じることになるは、各国の「社会保障」が匿名性を有することの結果によってである。その結果を規定する要因は、単純化すれば、①[各国の「社会保障」が各国の「社会保障」のままであり続ける力]と、②[各国の「社会保障」が匿名性を有することになる力]ということになる。①と②の力を、それぞれ左右するものは、それぞれの国の「社会保障」が有する歴史性や特質である。①が②より強い場合は、「社会保障のグローバル化」現象が進展しないし、逆に、②が①より強い場合は、「社会保障のグローバル化」現象が進展するという結果が待ち受けていることになる。

　とはいっても、「社会保障」は各国の制度として具体的に実施されているのであるから「社会保障のグローバル化」現象というものが社会から隔絶して生じるということにはならない。その意味では、「グローバル化する社会」において「社会保障」がどのようになるのかということについて考えることの方が現実的ではある。

[「社会保障」の「グローバル化」]の可能性

[「社会保障」の「グローバル化」]は、①部分的な国で施行されていた社会保障制度が伝播し、未実施の国や地域でも実施されたり、②社会保障を実施している諸国の制度が相互に影響し合ったりしながら進行する。従って、グローバル化の可能性は、「前者」においては「すでに施行している国」と「制度を受け入れる国」の状況が、そして、「後者」においては、「複数の国において実施されている社会保障のありよう」が、大きなカギを握っている。現代では、世界のほとんどの国が社会保障を実施していることから、社会保障のグローバル化の可能性は、「後者」＝諸国間での制度のポータビリティ＝を念頭において考えなければならない。これについて考えるにあたっては、「数量化」や「抽象化」が鍵を握ることとなるので、①「数量化」になじみやすい「所得保障（年金）」と、②「数量化」になじみにくい「医療保障（医療保険）」や「サービスによる給付」とを区別することが求められる。

[「所得保障（年金）」の「グローバル化」]の可能性について考えることは、あまり困難なことではない。なぜなら、「量的なこと」が大半を占めることとなるからである。まず考えなければならないことは、「被保険者」の「保険料」の負担と納付のルールのありようである。つぎに考えなければならないことは、「保険給付の種類・内容」と「支給要件」である。そうはいっても、各国の制度の背景には、「社会保障」についての基本的考え方があることから、「数量化」できるからと言って簡単に持ち運びできるものではない。[「医療保障（医療保険）」や「サービスによる給付」の「グローバル化」]の可能性については、かなりの困難が待ち受けている。なぜなら、医療の保障については、「医師と患者の関係のありよう」、「担当できる専門職」、「使用してよい薬剤」というような「質的なこと」が大半を占めるからである。

[「国境の移動」と社会保障] との関係

　今日でも、フランスの社会保障法典には、アルザス・ロレーヌ地方の3つの県についての Régime applicable dans les départements du Haut-Rhin, du Bas-Rain et de la Moselle（Art.L.357-1 条以下）や Disposition particulières aux départements du Haut-Rhin, du Bas-Rain et de la Moselle（Art.D.325-1 条以下）という特別な規定が存在している。これはいったい「なんだ」となる。そこでやることは歴史をさかのぼることである。フランスでの最初の社会保険の法律である 1928 年法までさかのぼることになる。1928 年法の条文に「本法は、……du Haut-Rhin, du Bas-Rain et de la Moselle の三つの県において、適用される時点を定める特別法ができ、三つの県で施行されている制度との調整、施行されている制度の代替物ができるまでは du Haut-Rhin, du Bas-Rain et de la Moselle には適用されない」というものが見つかった。この時点がカギだ。

　社会保障にとって節目となる時期は「国境線の移動」の時期である。「国境線の移動」と「ある国の制度化」との関係は、極めて重要なカギを握っているものである。典型的なものは、現在はフランスの一部である Haut-Rhin 県、Bas-Rain 県、Moselle 県（アルザス・ロレーヌ地方）についてみることが出来る。この三つの県は、普仏戦争、第一次大戦を契機として、フランスとドイツの間で複雑な位置に置かれることとなった。三つの県に適用されていたビスマルクの社会保険は、三つの県の帰還（？）を機に、国の制度としての社会保険制度を有していなかったフランスにとって、①三つの県の人々が有する既得権のようなものをいかにフランス法に取り込むか、②フランスにおいても独自の社会保険制度を創設しなければならない、という課題を突き付けることとなったのである。

考えるための補足テーマ——練習

[「市町村合併」と最低生活基準] についての考え方

　第5部では、社会保障法について、「圏域」・「空間」を切口として、様々に考えてきた。これに関連して、[「市町村合併」と最低生活基準] について考えてみよう。といってもピンとこないかもしれない。では、生活保護の「最低生活基準」についての考え方から始めよう。公的扶助として実施されている生活保護は、設定された「基準」に満たない部分を給付することになっている。その「基準」は、全国的に画一されたものではなく、幾つかの段階に分かれている。そのように「級地」として分類された中で、実際に「何歳の人」が「何人」で生活しているのかということとの関係で、その世帯の「最低生活基準」というものが制度的にはじき出されることになる。そうすると、「市町村合併」される前の甲町は、合併によって乙市となり、結果として「最低生活基準」が高くなることが生じる。実際に、平成の大合併では、多くの「空間」でこのようなことが生じた。

「社会連帯」の生成を巡る考え方

　「ある事柄」を「共通した利害」として再構成するために「圏域」や「空間」は利用されることとなる。そして同様の機能を果たすことになるのが「連帯」という考え方である。しかしながら、用語としての「連帯」にはどのような内容物でも詰め込むことができる。例えば、「社会連帯」という用語は、戦時中の政策化過程でも駆使されていたし、今日でも頻繁に使用されている。「社会保険と社会連帯」と題する短い文章（鈴木武雄）の一部を紹介しておこう。「人と人との結合である社会に於いては経済的にも精神的にも安心を得、よりよき生活を営むことを得る

のである。茲に保険を通じて社会連帯の思想を理解し得るのである」(保険院社会保険局『健康保険時報』12巻6号、昭和13年1ページ。旧字体の使用はできるだけ避けるようにした。)。同じく鈴木武雄による文章を手掛かりとして、かつての用語法をについて考えてみよう。「……聖戦第四年に入りて外には東亞新秩序の建設愈々進み内には銃後の護り益々堅し……就中職員健康保険制度の使命は都会生活者の健康の保持増進並び其の生活安定を図るに在り、相互扶助の精神、社会連帯の理論より此の目的を達せんとす、其の意義誠に深し。……」(鈴木武雄『職員健康保険法解説』健康保険協会出版部、1940年、「序」の部分より。旧字体の使用はできるだけ避けるようにした。)。そうだったのか……。納得するのは早い。それにもかかわらず、「連帯という用語」が、現代社会においても、「制度の指導理念」として明確に姿を現している場面がある。具体的にあげるならば、①「国民生活の安定がそこなわれることを国民の共同連帯によって防止し……」(国民年金法1条)、②「国民の共同連帯の理念に基づき介護保険制度を設け……」(介護保険法1条)、③「国民の共同連帯の理念に基づき……」(老人保健法の改正による「高齢者の医療の確保に関する法律」1条)ということになる。ここにみられる特徴的なことは、いずれもが「国民の共同連帯」という共通した用語を使用していることである。そして、「年金」、「介護」、「医療」についての制度が財政的な危機に瀕したときに、制度を統合したり、財政調整をしたり、税を持ち込んだりする際に「国民の共同連帯」という用語が指導理念として使用されていることも、特徴的である。

　「シニフィアン」と「シニフィエ」を持ち出すまでもなく、これらのことからわかることは、「ある事柄」を「共有された事柄」に変容させるために、「用語としての社会連帯」はどのようにでも意味を込められる代物である、ということである。

第6部

「社会保障法」を巡る考え方とは（まとめ）——「応用問題」で考える——

第6部の全体像

　第6部で考えることは、具体的な「応用問題」を幾つか設定し、それらの設定された「応用問題」について考えるというものである。もう少し具体的に述べれば、①実際になされている議論がどのようなものなのか？　ということについて考え、②実際の議論のありようとは別に、社会保障法という観点からはどのような議論が可能なのか？　であるとか、どのような道筋での議論が必要となるのか？　についての考え方ということになる。

　「応用問題」として設定する際に念頭に置いたことは、①読者にとって、テーマがよく知られていることであり、②そのテーマについての「考え方」が複数あり、議論のありようが明確なものであることである。さらに、③現実の社会保障関係制度にとっても、社会保障法一般にとっても、重要な論点が潜んでいるということも念頭に置いた。

　最初に採り上げたものは、「生活保護を巡る議論」である。その理由としてあげられるものは、実際の制度が変容しつつあり、そのありようが生活保護の根幹にかかわるようなものであるということになる。さらに、マスコミで取り上げられている様々な事柄についてのコメントのありようが、あまりにも制度の根幹を知らなさすぎるということが気にかかったからである。

　2番目に採り上げたものは「損得勘定／年金（保険）を巡る議論」である。その理由は、社会保障としての社会保険をめぐる議論ありようが、とりわけ年金（保険）を巡る議論において錯綜しているからである。社会保障としての年金（保険）は、「老齢」、「障害」、「死亡」等の要所得保障の状態に対して給付されるものであるが、実際には、あまりにも「老齢」のみに光が当てられ、結果として一面的な議論がなされているからである。

　3番目に採り上げたものは「介護保険を巡る議論」である。その理由は、介護保険をめぐる議論が、実際の制度の理解なしになされているき

らいがあり、「賛成」・「反対」を問わず、個人的な「あるべき論」や「個人的経験」を背景としたものが多く見られるからである。

4番目に採り上げたものは「高齢者の医療保障を巡る議論」である。その理由は、「高齢者の医療保障」についての議論で不可欠となる「医療保障制度の歴史的経緯」という前提の理解なしに、「与野党」、「マスコミ」、「研究者」の多くが、それぞれの主張をくり返えしているきらいがあることである。

5番目に採り上げたものは「[議論の構造]」である。その理由は、「世論」や「審議会」での議論のありように特徴がみられるからである。例えば、議事録で見る限り、「[社会保障制度改革国民会議]」での議論が、「持続可能な社会保障制度」というものについて、「社会保障の財政の持続可能性」に限定してなされており、制度についての「国民からの信頼感」が損なわれることについての危機感（若しくは、すでに喪失している信頼性の再確立という意図）が欠落していると思われるからである。

第6部の具体的な構成
第1章　生活保護を巡る議論を素材に考える
第2章　「損得勘定／年金（保険）」のような議論を素材に考える
第3章　「介護保険」を巡る議論を素材に考える
第4章　「高齢者の医療保障」を巡る議論を素材に考える
第5章　「議論の構造」について考える

生活保護を巡る議論を素材に考える

テーマの設定

よほどの関心でも持っていないと［「生活保護で生活している人」のほうが、「年金で生活している人」よりたくさんもらっている」という発言］になってしまう。この発言には重要な点での不正確さがある。まず、考えなければなければならないことは、「生活保護で生活している人」と「年金で生活している人」が比較可能なものなのかということについてである。金銭による給付に限定するなら、二つの給付は、確かに「量的」なものであり比較できそうである。しかし、実際には、比較になじむものではない。「年金（保険）制度」は「年金（保険）制度」として存在し、それは、「公的扶助」についての考え方とは異なる考え方を基礎としている。制度的には「A」と「B」として両者は独立して存在しているようにみえるが、両者とも社会保障として実施されていることは事実である。ということは、両者には、社会保障の中での「それぞれの役割」がある、ということになる。ここまではいいのだが、最後に一言。「それぞれの役割」のように見えるのは「制度」を見た場合のことであって、実際の生活にはすみ分けなんてない。事実、受給している「年金」が低額で、最低生活基準に達していないことから、「年金」をもらいながら「生活保護」を受給している人の数は多い。

この章で考えることの道筋
I 目　的
II 「最低生活扶助基準額」を巡る考え方
III 「補足性の原理」という考え方
IV 「世帯単位の原則」という考え方
V 「自立」の助長を巡る考え方

目的──［生活保護についての考え方を正しく理解する］こと

　「国民年金の3号被保険者問題」についての議論のありようや「年金についての損得勘定論」というような、社会に蔓延している「不正確さを基盤とした言説」については、制度についての考え方を正しく提示しておかなければならない。「不正確さを基盤とした言説」のなかでも度が過ぎるものは、「生活保護についての議論」に関する言説であり、「生活保護についての考え方」に関する言説である。それらの「不正確さを基盤とした言説」が制度改革という深刻な結論を導くことがあることも否定できない。そのことを考えると、「不正確さを排除した考え方」を基本として、「考える対象について」考えることはとても大切な作業といえる。

　生活保護全体にわたって解説することをせずに、限られたスペースで生活保護についての「不正確さを基盤とした言説」に挑もうとするなら、［「生活保護で生活している人」のほうが、「年金で生活している人」よりたくさんもらっている」］というような、もっともらしい言説に挑まなければならない。ということで、まずは、「最低生活扶助基準額」をめぐる考え方についての正しい理解を得ていただこうと考えた。そして、それ以降では、生活保護の「原理」と「原則」のうちから、「補足性の原理」という考え方と「世帯単位の原則」という考え方を選んで考えることとし、「不正確さを基盤とした言説」に挑んでみよう。最後に、「自立」の助長を巡る考え方について考える。「生活保護制度」についての考え方のうちから、基本となる幾つかを題材としてとりあげ、［生活保護についての考え方を正しく理解する］ことがここでの目的である。

「最低生活扶助基準額」を巡る考え方

[「生活保護で生活している人」のほうが、「年金で生活している人」よりたくさんもらっている」]というようなことが言われることがある。確かに受け取っている額が高い場合もあるだろう。制度的に言えば、「保護は、厚生労働大臣の定める基準により測定した要保護者の需要を基とし、そのうち、その者の金銭又は物品で満たすことのできない不足分を補う程度において行うものとする」(8条1項・基準及び程度の原則)ということになっており、厚生労働大臣の定める基準とは「要保護者の年齢別、性別、世帯構成別、所在地域別その他保護の種類に応じて必要な事情を考慮した最低限度の生活の需要を満たすに十分なものであつて、且つ、これをこえないものでなければならない」(同2項)とされている。ここにある考え方は「客観的なものとして、最低限度の生活の需要を満たすに十分なものであつて、且つ、これをこえないもの」が定められており、「その基準に照らして不足している部分を支給し、結果として最低限度の生活を保障する」というものである。「最低生活扶助基準額」については、その金額が受給できる金額であるという誤解も多い。「基準」がどのように決められたかは、歴史的に見れば、現行の制度になってからは、①マーケットバスケット方式、②エンゲル方式、③格差縮小方式、④水準均衡方式という経緯をたどっている。有名な朝日訴訟の頃は、「マーケットバスケット方式」によって定められた「最低生活扶助基準額」は600円とされていた。積算の基礎となる考え方は「肌着は2年に1着」、「パンツは1年に1着」などなどというものであった。肌着でいえば、一着の値段(○○円)を月当たりの金額にする(24カ月で割る)という方法で様々なものを積み上げて600円としたのである。今日では、年金を受給しながら、その年金額が基準に達しないことから生活保護を受給する高齢者が増加している。

6・1 生活保護を巡る議論を素材に考える

「補足性の原理」という考え方

　補足性の原理という考え方は、「保護は、生活に困窮するものが、その利用しうる資産、能力、その他あらゆるものを、その最低限度の生活の維持のために活用することを要件として行われる」というものであり、公的扶助制度の性格を最もよく現している原理の一つであるといってもよい。具体的な問題は、「その利用しうる資産、能力、その他あらゆるもの」とは何か、というような点について生じることになる。日本の生活保護法では、第4条に規定されている。

　「将来のことを考えて、いったん受給した金銭を蓄え、それが一定の額に達した場合」、その預貯金などを「利用しうる資産、能力、その他あらゆるもの」として考えるか、というようなことをめぐって紛争は生じる。いわゆる「学資保険についての事件」については、いくつかの争点があったが、ここでは「生活保護の給付として受給した金銭を貯蓄するなどして一定の額に達したこと」に限定して考えることとしよう。具体的には、「子どもの将来のことを考えて学資保険をかけていたが、一定の金額になった」ので、「それが、利用しうる資産、能力、その他あらゆるもの」にあたるということから保護を変更したというような形で法的な紛争が生じたのである。この事例について考える場合、補足性の原理のほかに鍵を握っているのは、「自立の助長」である。「自立の助長」とは、「生活保護を利用しなくなること」と考えることが多い。しかし、「自立の助長」の意味を、「自立した生活をしたいと考えている人々が、何らかの事情で自立が不可能である場合に、生活保護を受給することがそれを助ける」というように理解することもできる。そのように考えれば、扶助として給付されたものを原資として、自ら立てた生活設計を実現するための計画的生活＝預貯金＝の実行は、むしろ推奨されることとなる。

「世帯単位の原則」という考え方

　具体例を挙げて、考えるための材料を提供しておこう。①甲さん一家は、親子4人で、生活保護を受けながら、同一の世帯で暮らしていた。その世帯の一員であるAさんが大学に進学しようと考えた。家族のみんなに支えられながら頑張っていたAさんは、「生活保護をもらいながら大学に行ってもいいものか……」と悩み始めた。②そこで、複数の人の意見を聴くこととした。乙さんは「いってもいいんじゃないの」、丙さん「困ったなー、あきらめたら」ということだが、「答えだけ」はあるものの「理由」が示されていない。そこで「なぜそう考えるのか」を聞いてみた。③乙さんは「お父さんは大変だったけど、あなたは将来自立しようとしているんでしょ。それだったら…」、丙さん「だって、90％くらいの人が大学に行くようになれば贅沢品ではなくなるけど、まだそうなってないし、贅沢なんじゃないの」ということであった。

　このような場合、考えるにあたっての一つの役割を果たすのが、「世帯単位の原則」ということになる。生活保護法の第10条は「保護は、世帯を単位としてその要否及び程度を定めるものとする。但し、これによりがたいときは、個人を単位として定めることができる」としている。じゃ、①今の親子4人世帯から離れて、②Aさんだけで1人世帯を構成し、Aさんだけで保護を受けない1人の世帯となって、③残った3人は保護を受け続ける、という風にすれば、3人は保護を辞退せずに、Aさんは大学に通うことができる可能性が出てくる。

　「原理」や「原則」という言葉が出てきたが、生活保護法では、1条から4条までに規定しているものについて、それらが「この法律の基本原理であって、この法律の解釈及び運用は、すべてこの原理に基いてされなければならない」（5条）としている。そして、7条から10条までを「保護の原則」としている。

6・1 生活保護を巡る議論を素材に考える　201

「自立」の助長を巡る考え方

　「自立の助長」については、それをどのようなものとして考えるかについて、いくつかの考え方がある。代表的なものは以下の二つのものである。ひとつは、「生活保護制度を利用しなくてもよいようになること」をもって、「自立」していると考える考え方である。もうひとつは、家族の私的な扶養などに依存せずに、自分の選んだ生活を実現する＝自立する＝ことを「助長」することが、生活保護の目的であるというように考える考え方である。前者の考え方にたつと、生活保護を受ける権利は、「各種の扶助が必要でなくなるまで＝自立したと認定されるまで＝なされる各種の扶助」を受ける権利を意味する。そして、後者のように考えるならば、「各種の扶助が確実に給付されることによって、受給している人々の自立した生活が継続的に確保されること」と一体となった広い意味を持つことになる。

　一般に、「自立の助長」とは、「生活保護を利用しなくなること」と考えがちだ。他方、「自立の助長」の意味を、「自立した生活をしたいと考えている人々が、何らかの事情で自立が不可能である場合に、生活保護を受給することがそれを助けること」というように理解することもできる。後者のように考えれば、扶助として給付されたものを原資として、自ら立てた将来の生活設計を実現するための計画的生活＝預貯金＝の実行は、むしろ推奨されることとなる。

　近年ではプリペイドカードによる給付方式も模索されているが、これについては、「（とりわけ権力を持った）他者による生活の管理」と「生活全般にわたる本人（世帯）による自立・自律（意思の実現）」との関係に配慮しなければならないだろう。

「損得勘定／年金（保険）」のような議論を素材に考える

テーマの設定

思い起こせば、2004年の年金大改革での議論には、考えることのできる数多くの素材があった。その一つが「払った分だけもらえるのか？」というような、「損得勘定」とも思えるものである。追い打ちをかけるように「消えた年金」問題、「宙に浮いた年金」問題が発生した。私自身も「国家公務員共済」、「厚生年金」、「公立学校共済」、「厚生年金」と経験したので、年金受給にあたっては、それらを一つにまとめることに苦労した。そのような中で「年金は大丈夫？」だとか、「団塊の世代が問題だ」だとかいわれると、「うーん」となってしまう。ただし、大学の講義やロースクールの講義では、賛成か反対かは別として年金の「仕組み」とそれに内在している「考え方」を伝えることに重点を置くことにしている。

ということで、ここでは「年金（保険）」を題材にして「損得勘定」のような考え方をとり上げ、保険料の負担とは、はたして「自分の受給のため」だけなのであろうか？ということについて考えることとする。

この章で考えることの道筋
I 目 的
II 「払った分だけもらえるのか？」という考え方
III 「二重払い」という考え方
IV 「遺族年金」を巡る考え方
V 「任意脱退」を巡る考え方

目的──[「損得勘定／年金（保険）」のような議論はどのようなものなのかについて理解する] こと

　[「損得勘定／年金（保険）」のような議論はどのようなものなのかについて理解する]ためには、前提として、①社会保障としての社会保険という考え方、②社会保険としての年金（保険）という考え方、について理解しておかなければならない。散々見てきたように、社会保障とは、社会的出来事とみなされる「老齢」に伴うリスクや「障害」に伴うリスクについて、社会的な給付をなすものである。間違っても、「元が取れそうにないので契約を締結しない」というような私保険的な考え方を持ち込んではならない。だからこそ、「遺族年金」の場合のように、一度も「被保険者」となったことのない小さな子供が「受給権者」となることもあるのである。さらに言えば、受給している人が「死亡」してしまえば、そのことによって「所得保障をする必要性がなくなった」として「失権」ということになる。

　健康保険のような医療保険も、同じく社会保障としての社会保険である。これについてはどうであろうか。「出した分だけ元を取る」という考え方を当てはめると、「たくさん出しているのであるから、病気でなくても病院に行く」ということになるし、「たくさん出したので、重病にならないと損だ」ということになりかねない。

　[「損得勘定／年金（保険）」のような議論にみられる特徴的なことは、「自分が負担したこと」と「自分が受給すること」とを属人的に接合させる考え方である。このような考え方は、「自分が負担しているのは、（自分を含めて）必要としている人々のため」であり、「自分が受給しているのは、（自分を含めて）負担が可能な人々が負担しているから」であるという、社会連帯的な考え方からはほど遠いものである。

「払った分だけもらえるのか？」という考え方

　年金給付というと、老齢（基礎・厚生）年金をイメージすることが多い。したがって、保険料を「負担」することの意味は、将来、自分が受給することとの関係で考えてしまうことが多い。ここでは積み立て方式が念頭におかれることが多くなるので、「負担しても元が取れないのではないか」というような発想が出てくることとなる。年金給付の支給要件にみられる「25年」（改正有り）という意味は、このこととの関係で理解されることとなる。しかし、実際には、「障害（基礎・厚生）年金」や「遺族（基礎・厚生）年金」が存在しているし、国民年金では、保険料全額免除期間の月数は、納付済みの月数の二分の一の月数としてカウントされ、年金の給付額に反映されることになっている。

　こうなると、保険料の負担とは、「自分の受給のため」のみでなく、「その時点で、所得の保障を必要としている人々のため」という位置づけもなされることがわかってくる。そうすると、年金給付の支給要件にみられる（一定の期間としての）「25年」という意味は、全期間にわたって全額免除でもいいので、「せめて、これくらいは社会連帯してください」という社会的な義務としても位置付け可能だ。

　このように、社会保険である年金（保険）には、一方で「社会」という性格があり、同時に、他方で、「保険」という性格があることが分かる。そのような観点から、年金（保険）制度における「負担」と「受給権」との関係をみるなら、「払った分だけもらえるのか？」という考え方が、正当なものであるかは疑問である。この疑問は、「遺族年金」について考えるとさらに強くなってくる。同じく社会保険である医療保険について、「療養の給付」という医療の現物給付を念頭に置けば、「たくさん払ったから、たくさん病気になり、たくさん給付を受ける」＝「払った分だけもらえる」＝という考え方は妥当しないことになる。

「二重払い」という考え方

　少し以前の議事録を引用してみよう。それは「……民主党が考えているようにすべて税金で賄うということにしたときに、私は、大きな不公平が生じるのではないだろうか、こう思うわけであります。二十から年金受給に至るまで営々と四十年以上年金をまじめに払い続けた人たち、そしてまたもうすぐ年金をもらおうとしている人たち、この皆さんは、ずっとまじめにこつこつと年金を払い、そしてその年金制度、保険制度の対価として給付を受ける、こういうことになるわけであります。……」というものである（「衆議院・厚生労働委員会議録」第9号・3ページ）。この発言は、2015年7月の時点で首相を務めている「安倍晋三」（当時委員）によって、2004年の年金大改革の際になされたものである。ここから読み取れる考え方は、「一度おさめた者はもうおさめる必要はない」というものである。ここにある考え方は、年金は「出したから貰える」という属人的なものに近いものであって、人々が連帯して相互に扶助する＝「可能な人が負担」して、「必要な人が受給」するという＝というものではない。

　そうは言っても、年金についての「出したから貰える」という考え方には根強いものがあり、それが「負担」や「納付」のインセンティブとなっていることも否定できない。

　しかし、社会保険としての年金であっても、多額の「税」が費用として持ち込まれていることは事実である。民主党が提出した「いわゆる年金目的消費税というようなもの」について、前にみた「安倍晋三」の「一度おさめた者から、さらにとることになるのはおかしい」という2004年時点での発言と、近年議論されている「消費税の税率を上げること」についての折り合いはどのようにつけるのであろうか。

6・2・Ⅲ

206　第6部　「社会保障法」を巡る考え方とは（まとめ）

「遺族年金」を巡る考え方

「老齢に関する年金」には、①「出したから貰える」という考え方と、②「可能な人が負担」して、「必要な人が受給」するという考え方が混在している。とはいっても、多くの人々の議論は、圧倒的に①のような考え方を基盤としている。それに対して、遺族年金についての考え方は、社会保障をめぐる考え方についての訓練の場を提供してくれる。

限られた人々が「恩給制度」や「共済制度」の恩恵を受けていた時代、遺族年金についての考え方には、「大黒柱＝男性＝被保険者の死亡」によって、その人に「扶養されていた人々」は「そのおかげで年金をもらえる」という具合に考える考え方もあった。さらには、「大黒柱＝男性＝被保険者」が老齢関係の年金を受給せずに亡くなったので、「遺族がそれを受け継ぐ」というような考え方も根強くあった。

今日の年金（保険）制度では、①「被保険者の死亡」、②「死亡した被保険者に扶養されていた者」という具合に、「所得の保障が必要な状態にある人々」をあらかじめ類型化して、それに該当した場合に「遺族」となることになっている（例えば、国民年金法37条・37条の2）。気がついたであろうが、「老齢について支給される年金」に見られた「出したから貰える」という考え方は、「遺族年金」には見られない。極端に言えば、「被保険者として一度も負担したことのない小さな子供」が「遺族年金」の受給権者になることがあるのである。ここに見られるものは、「負担したこと」と「受給すること」との非結合性ということになる。「遺族年金」をめぐる考え方に端的に示されている考え方＝「可能な人が負担」して、「必要な人が受給」する＝は、じつは、「遺族年金」だけではなく「障害年金」についても妥当するし、「老齢に関する年金」にも妥当する考え方なのである。

6・2 「損得勘定／年金（保険）」のような議論を素材に考える

「任意脱退」を巡る考え方

　現代日本での「国民皆年金」体制というものを前提としておこう。国民年金は、20歳以上60歳未満の日本国内に住所を有する者で、第二号・第三号被保険者でない者が第一号被保険者である。そして、老齢基礎年金については、原則として65歳から支給されることになっている。55歳の人が外国から帰ってきて第一号被保険者となった場合、頑張っても5年間しか被保険者になれない。さて、「負担」と「受給」との関係をどのように考えたらよいのであろうか。

　このようなことに対応する実際の制度として「任意脱退」という制度がある。たとえば「被保険者でなかつた者が第1号被保険者となった場合」等において、「被保険者の資格を取得した日又は第2号被保険者若しくは第3号被保険者が第1号被保険者となった日の属する月から60歳に達する日の属する月の前月までの期間」を「合算した期間が25年に満たないときは、その者は、第7条第1項の規定にかかわらず、いつでも、厚生労働大臣の承認を受けて、被保険者の資格を喪失することができる」としているのがソレに当たる（10条）。要するに、「本人の落ち度ではないのに25年ルールを満たせないこと」を制度として解決しようとしたわけである。ただし、社会保障法的な観点から見た場合、「任意脱退」という方法が好ましいかは別である。なぜなら、年金の制度には「出したから貰える」という考え方もあるものの、①「可能な人が負担して」、②「必要な人が受給する」という考え方があるからである。そうすると、外国から帰ってきた55歳の人については、「もらえないかもしれないけど、連帯ということで、負担してください」と考えることも可能となる。「自分がもらえないから脱退する」ということを選択すれば、「障害年金」や「遺族年金」についての受給権もなくなる。従って、「強制脱退」ではなく「任意脱退」なのである。

208　第6部　「社会保障法」を巡る考え方とは（まとめ）

「介護保険」を巡る議論を素材に考える

テーマの設定

いよいよ「介護保険」を制度化するという時（2000年の少し前）、「介護保険」の趣旨をよりよく理解してもらうために、全国の市町村で説明会などが開催された。私も、九州の何箇所かで、お役所の人とともに集まりに参加した。そこで出てきた意見のいくつかには「もっともだ」というものもあったが、中には「私は寝たきりにならないから、入りたくない」というようなものもあった。あれから20年近くがたち「介護保険」に対する人々の考え方も変わってきた。改めて考えてみれば、「介護保険」の導入とは何だったのだろうか。

歴史的に見れば、「強制加入はいやだ」というような考え方は、「国民皆保険」体制が出来上がる少し以前にもあって裁判にもなった。それは、ある町で「国民健康保険条例」を制定し、そこに住所を有するすべての住民を被保険者とする際に生じたものである。ここには、社会保障法における「自由と強制」という難問が横たわっている。

そして、介護保険創設時盛んにいわれたことは［「措置」から「契約」へ］であった。「契約」方式による介護保険の創設は、日本の社会保障について、根本的に考えるきっかけを与えてくれた。

この章で考えることの道筋
I　目　的
II　「被保険者の年齢」を巡る考え方
III　「保険事故」と「保険給付の形態」を巡る考え方
IV　「予防給付」を巡る考え方
V　［「措置」から「契約」へ］という考え方

目的──[「介護保険」を巡る議論の構造について理解する] こと

　1963年に老人福祉法が制定されて以降、①高齢化の進展に対応可能な幅広い供給体制を確保することや、②対象者を貧困層から拡大する改革など、対応は様々になされてきた。民間事業者による供給体制の確保が図られるようになったとはいえ、サービスについての基本的性格は「措置」のままであった。ところが、高齢化の進展に伴って、高齢者としてのニーズを抱えた生活を送ることが、限られた人々にのみ生じる特別なことではなく、従って、「高齢者の問題」は「貧困の問題」とは切り離して思考するべきであるという考え方が前面に押し出されるようになってきた。そして、その事との関係で、多様化した高齢者のニーズに対応可能なサービスが求められるようになり、高齢者が選択権を行使できることの必要性が認識されるようになってきた。その結果、行政による「措置」ではなく、高齢者も市民として契約締結の主体となることが望ましいと考えられるようになったのである。このような考え方が前面に出てくるにあたっては、「社会保障の財政の問題」や「社会的入院と称される事態に対しての対応」等があったことはいうまでもない。とはいえ、このような過程を介して、民間事業者やNPOに対しての、新たな意義付けがなされるようになってきたのである。その総仕上げにあたる具体的な制度化が「介護保険法」の制定（1997年）であり、「社会福祉事業法」から「社会福祉法」への法改正の作業（平成12年法律111号）であった。戦後の社会保障を巡る「民」と「公」との関係の基本的ありようを大きく変容させたのが、介護保険制度の創設であったのである。

　このような過程を経て創設された「介護保険」についての議論の構造について理解することがここでの目的となる。

「被保険者の年齢」を巡る考え方

　介護保険の被保険者を「誰」にするのかについての考え方は、賛否はともあれ、介護保険法が「加齢に伴って生ずる心身の変化に起因する疾病等により要介護状態となり……」（第1条）としていることに現れている。すなわち、ここに見られる制度の基本的考え方は、［「若いときの事故による障害」などではない介護の必要な状態］を想定しているということである。言い換えれば、［（数的には多い）「若いときには介護が必要とされなかった人」］が［年をとるとともに介護が必要となる］ということを想定しているのである。そのような考え方が具体化しているのが、介護保険法の第9条であり、第7条である。

　第9条は「被保険者」について、「次の各号のいずれかに該当する者は、市町村又は特別区……が行う介護保険の被保険者とする」として、市町村の区域内に住所を有する65歳以上の者を「第1号被保険者」（第1項）とし、市町村の区域内に住所を有する40歳以上65歳未満の医療保険加入者を「第二号被保険者」としている（第2項）。そして、第7条の3項は「「要介護者」とは、次の各号のいずれかに該当する者をいう」として、「要介護状態にある65歳以上の者」（第1号）、「要介護状態にある40歳以上65歳未満の者であって、その要介護状態の原因である身体上又は精神上の障害が加齢に伴って生ずる心身の変化に起因する疾病であって政令で定めるもの（以下「特定疾病」という。）によって生じたものであるもの」（第2号）としている。

　これらのことからわかることは、「被保険者の年齢」を巡る考え方が、制度の持っている根本的な性格と深くかかわっているということである。

「保険事故」と「保険給付の形態」を巡る考え方

　介護保険の給付が具体的なものとして姿を現すのは、「介護給付は、次に掲げる保険給付とする」として、「居宅介護サービス費の支給」、「特例居宅介護サービス費の支給」などの給付について規定している40条以下においてである。そして、その姿がどのようなものであるかは、①「市町村は、要介護認定を受けた被保険者のうち居宅において介護を受けるもの…が、都道府県知事が指定する者…から当該指定に係る居宅サービス事業を行う事業所により行われる居宅サービス…を受けたときは、当該居宅要介護被保険者に対し、当該指定居宅サービスに要した費用…について、居宅介護サービス費を支給する。」（41条1項）というように、給付の形態が原則として「償還制」であり、②例外的なものとして、「居宅要介護被保険者が指定居宅サービス事業者から指定居宅サービスを受けたとき…は、市町村は、当該居宅要介護被保険者が当該指定居宅サービス時宜用捨に支払うべき当該指定居宅サービスに要した費用について、居宅介護サービス費として当該居宅要介護被保険者に対し支給すべき額の限度において、当該居宅要介護被保険者に代わり、当該指定居宅サービス事業者に支払うことができる。」（41条6項）、としていることをみれば、一層明らかとなる。

　こうなってくると、そのような「介護保険の給付」が想定している「保険事故」とは何か？　というテーマが浮かび上がる。答えは①「要件を満たした人が、要件を備えたものについて費用を支出したこと」というものと、②「要介護状態」そのもの、という二通り考えられるが、現行の介護保険法を見る限り、前者と考えるべきであろう。そうすると、次なるテーマがあらわれてくる。それは、社会保障における「償還制」をどのようなものとして位置づけるのか？　というものである。

「予防給付」を巡る考え方

 「保険事故」と「保険給付」の対応関係に注目することは重要である。具体的には、介護保険の制度で言われた「新予防給付」や「市町村事業の対象となるもの」等に見られるグレーゾーンの存在が問題となるが、介護保険制度は、このような結果になる構造を当初から内包していた。例えば、市町村事業というものについて、それが、目下のところは「要支援ではない」ものの、いずれ該当することになるという脈絡で、「支出のための正当性」を有しているかのように位置付けられてしまうことを挙げることができる。このようなことが生じてしまうのは、①「かつての福祉的なもの」にまで広く対応しようという意図と、②保険給付を正当化させる「保険事故」としての「状態」を中心に制度を構築しようという意図が、介護保険制度の中に当初から内在されており、それにもかかわらず、そのままの状態で、「緻密さ」を求め、分断不可能なものを分断して厳密さを確保したと考えているからである。ここには、いずれ「保険事故の対象となることは避けられない」にもかかわらず、未だ、そのようになっていないことを、介護保険制度の中にどのように法的に表現するかという課題が存在しているのである。社会保険としての介護保険制度の中に、市町村事業にみられる福祉的なものまでを巻き込むとしたら、介護保険制度の全体像は、まさに「措置」と同義なものにならざるをえない。さらに、保険料として徴収されたものが、「措置」のようなことに使われることも指摘されなければならない。このような錯綜した状態に対して、何らの疑問も提示されないことに正当性を付与しているものは、「保険給付」を「現物としてのサービス」ではなく、「費用（金銭）」であるとする考え方である。なぜなら、リストに掲載されたものに対しての「支出」を「保険事故」とし、要した費用の一定部分を「保険給付」として給付すればよいからである。

[「措置」から「契約」へ] という考え方

　[「措置」から「契約」へ] という考え方は、介護保険が導入されるまでの「措置方式」を「契約方式」に転換させたことを表現するものである。このことについては、賛否両方の考え方があった。ここでは「契約方式」が有している考え方と利点を説明しておこう。「契約方式」のベースにあるのは、市民が自分の選択で契約を締結するという、私たちが日常生活で多用している考え方である。この基盤となる考え方を、高齢者（とされる人）や障がい者（とされる人）についても当てはめるなら、高齢者（とされる人）や障がい者（とされる人）であっても、24時間、365日、「介護保険法」、「老人福祉法」などにのみ拘束された生活をしているのではない、という結論に至る。結果として、一日の生活の多くの部分は、市民法といわれる法に規律された日常生活である、というように考えることとなる。そのような消費者としての日常生活の中から、一定の要件を備えているとされるものに対して「社会的な給付」がなされると考えることによって、「契約方式」が社会保障と結合することになる。それを具体化すれば、①商品やサービスの買い手が適格性を備えているか、②商品やサービスの売り手が適格性を備えているか、③商品やサービスが質的に適格性を備えているか、④購入した商品やサービスが定められた量の範囲内であるのか、というような要件を満たしたものについて、「社会的な費用」を出動させる＝社会的給付がなされる＝という具合に再整理することによって、社会保障に「契約方式」を持ち込むことになる。このようにすることによって、成熟した市民社会をベースにした社会保障が構築される「基礎」が出来上がると考えるわけである。このような考え方に対しては、もちろん、利点はないという反論もある。

「高齢者の医療保障」を巡る議論を素材に考える

テーマの設定

　現行の「高齢者の医療の確保に関する法律」(老人保健法の名称変更を含む改正)のみに光を当てると、ここでのテーマは「高齢者のみを対象とした医療保険」を作ることの意味ということになる。しかし、後に見るように、ここでは、「高齢者の医療保障」を巡る議論を素材に考えるということであるから、実際の制度とそれに内在する考え方を念頭に置きつつも、高齢化が進展する日本において、「高齢者の医療保障」について考える際には、どのようなことについて、どのように考えることになるのか？　ということがテーマとなる。そうはいっても、空理空論というわけにはいかない。このことについて考えるには前提的なことが複数ある。例えば、①高齢化の進展、②国民皆保険体制の基礎は「市町村の国民健康保険」としている、等であるが、そのような中で、増高する社会保障費や国民医療費の問題、さらには、「医療」・「保健」・「福祉」・「介護」の関係を整理しつつ考えなければならない。政策的には様々なことが考えられるが、ここで行うのは「高齢者の医療保障」を巡る議論を素材に考えるということである。

この章で考えることの道筋
 I　目　的
 II　「高齢者の医療保障」の経緯に見られる考え方
 III　「高齢者の医療保障」を考える考え方
 IV　「高齢者の医療の確保に関する法律」に見られる考え方
 V　「国民皆保険」体制と「高齢者の医療保障」との関係についての考え方

目的——[「高齢者の医療保障」の内容と議論の構造について理解する]こと

　もし、現行の「高齢者の医療の確保に関する法律」（老人保健法の名称変更を含む改正）が存在しなかったとしたら、80歳の高齢者の医療保障はどのような姿になるのであろうか。その80歳の高齢者が健康保険の適用事業所で現役で働いていたら「健康保険の被保険者」となる。退職していれば「国民健康保険の被保険者」となる。ただし、所得が少なく、子どもと同居していて、子どもである被保険者の「被扶養者として認定」されれば、その子ども＝被保険者＝の「被扶養者」となる。

　しかし、80歳の高齢者は、「高齢者の医療の確保に関する法律」の施行以降は、「後期高齢者医療広域連合の区域内に住所を有する75歳以上の者」であるから、[その子ども＝被保険者＝の「被扶養者」]とはならずに、「高齢者の医療の確保に関する法律」の「後期高齢者医療広域連合が行う後期高齢者医療の被保険者」となる（50条）。

　この事を、①[その子ども＝被保険者＝の「被扶養者」]となっていた高齢者の立場から見れば、「高齢者医療」の「被保険者」となるであるから「保険料」の負担義務が発生するのは嫌だとなるかもしれない。②しかし、医療保険の財政の側から見れば、高齢者の医療にかかる費用を何とかしてほしいとなるであろう。③そして、社会連帯的立場で見れば、その高齢者が、まだ働いているか、退職者であるかを問わず、「高齢になった人の費用は皆で何とかしよう」となる可能性もある。④さらに、国民健康保険の側から見れば、「高齢者が退職して、健康保険から国民健康保険に移管されることになれば、保険料も期待できないし、医療費もかかる人々が流入するので困る」ということになる。このように、現実の制度を踏まえれば「高齢者の医療保障」をめぐっては様々な考え方が可能となる。

「高齢者の医療保障」の経緯に見られる考え方

　1963年に制定された老人福祉法（法133）は医療保障を行うものではなかった。現役での勤務を継続していなければ、当時の高齢者にとっての医療保障は国民健康保険によることとなっていた。あまり医療給付を必要とせず、一部負担がゼロに等しかった現役時代と比べて、病気がちになったときに、一部負担金の割合が高い制度に移管させられることとなる当時の高齢者にとって、これは好ましいものではなかった。このような状態を解消すべく、72年に老人福祉法等が改正され、70歳以上の高齢者の自己負担分を公費で支出するという、いわゆる、老人医療無料化制度が創設された。しかし、①この制度が社会保障財政や市町村の財政に負担を強いるものとなっていたこと、②高齢社会の到来を目前にして、世代間の連帯を基礎とした制度の必要性が認識されるようになってきたこと、③疾病構造に変化が生じ、医療と保健との連携の必要性などが認識されるようになったこと、等々によって制度的対応が望まれ、1982年に老人保健法（法80）が制定された。

　老人保健制度の創設は、高齢者に負担を求める制度であったことから批判がなされた。しかし、①医療と保健との連携を念頭に置いた制度であったこと、②壮年期からの疾病の予防などの重要性を念頭に置いて、40歳以上の人々にも健康診査等の保健事業が行われるようになったこと、③市町村と都道府県の二段階で老人保健計画を作成することとなったことなど、その意義には大きなものがあった。制定されて以降、a. 一部負担の改正、加入者按分率の引き上げ（86年）、b. 老人訪問看護制度の創設、一部負担金の額の見直し（91年）、c. 一部負担の見直し、（97年）、対象年齢の改訂（2002年）のような経緯をたどっている。今日の「高齢者の医療の確保に関する法律」はその延長上のものである。

「高齢者の医療保障」を考える考え方

　高齢者についての医療保障の問題は、「被用者保険の被保険者（とその被扶養者）の多くが、退職することによって国民健康保険の被保険者となる」こととの関係で問題とされてきた。

　①被保険者の側からみた場合、医療保障に関する制度が縦割りであったり、複雑である場合に、問題はどのような形であらわれてくるのであろうか？　ここでは、国民皆保険という現実を踏まえて考えてみよう。医療保険との関係でいえば、多くの退職高齢者の位置は、被用者保険の被保険者から、国民健康保険における被保険者へと移ることとなる。あわせて、その被扶養者であった者も国民健康保険における被保険者へと移動することとなる（あるいは、子供達と同居するなどして、被用者保険の被扶養者となる場合もありうる）。当該高齢者が異なる制度の適用を受けることとなるのであるから、もし、ここに制度間格差が存在するとすれば、高齢退職者となった者について不利益が生ずる可能性があることは理解できるであろう。

　②他方、保険者の側から見た場合どのような問題があったのであろうか。これについても、国民皆保険という現実を踏まえて考えてみることにしよう。高齢の退職者が被用者保険の被保険者から国民健康保険における被保険者へと移り、あわせて、その被扶養者であった者も国民健康保険の被保険者へと移動することとなる多くの退職高齢者を、医療保険の保険者の側から見れば、病気がちな年齢の人々（＝医療の給付に依存することが多い年齢の人々）の流入・増大であり、また、被用者保険の被保険者であった時と同じような額の保険料を期待できない人々の流入・増大でもある。これを保険者の側からみれば、制度の縦割りがもたらすことになる財政的ダメージということは理解できるであろう。

「高齢者の医療の確保に関する法律」に見られる考え方

「高齢者の医療の確保に関する法律」とは、平成18年に行われた「健康保険法等の一部を改正する法律」によって、それまでの「老人保健法」が題名変更されたものが原型である。具体的な「高齢者の医療の確保に関する法律」を手掛かりに、それが「高齢者の医療保障」についてどのように考えているかをみてみよう。

「高齢者の医療の確保に関する法律」はその第1条で「国民の高齢期における適切な医療の確保を図るため、医療費の適正化を推進するための計画の作成及び保険者による健康診査等の実施に関する措置を講ずるとともに、高齢者の医療について、国民の共同連帯の理念等に基づき、前期高齢者に係る保険者間の費用負担の調整、後期高齢者に対する適切な医療の給付等を行うために必要な制度を設け、もって国民保健の向上及び高齢者の福祉の増進を図ることを目的とする」としている。このように、「高齢者の医療の確保に関する法律」は、①高齢期における適切な医療の確保、②医療費の適正化の推進、③国民の共同連帯の理念等に基づく前期高齢者に係る保険者間の費用負担の調整、④後期高齢者に対する適切な医療の給付等を行うために必要な制度の設置、⑤もって国民保健の向上及び高齢者の福祉の増進を図ること、を基本的な目的として掲げている。このような目的を達成するために、「国民は、自助と連帯の精神に基づき、自ら加齢に伴って生ずる心身の変化を自覚して常に健康の保持増進に努めるとともに、高齢者の医療に要する費用を公平に負担するものとする」という「基本的理念」（2条）掲げ、具体的な制度に反映させている。とはいえ、メインは「前期高齢者に係る保険者間の費用負担の調整」と「後期高齢者医療制度の創設」といっても過言ではない。

「国民皆保険」体制と「高齢者の医療保障」との関係についての考え方

　「高齢者の医療の確保に関する法律」が「後期高齢者の医療保険」というジャンルを設ける以前の「国民皆保険」体制では、退職している高齢者は、「市町村又は特別区……の区域内に住所を有する者は、当該市町村が行う国民健康保険の被保険者とする」（国民健康保険法5条）ということで、「国民健康保険の被保険者」となることが多かった。ただし、「健康保険法……の規定による被保険者」や「健康保険法の規定による被扶養者」等については適用除外（6条）とされていたことから、①働き続けていれば「被保険者本人」であったし、②子どもと同居していて、所得が少なく、「被扶養者として認定」されれば、その子とも＝被保険者＝の「被扶養者」となる、とされていた。市町村の国保から適用除外される人々の中に「高齢者の医療の確保に関する法律……の規定による被保険者」も含まれることとなったことにより、75歳以上の人は、被保険者本人となることから、「その子とも＝被保険者＝の「被扶養者」となること」はあり得ないこととなったのである。歴史的に見れば、これは大きな変化である。なぜなら、「働いている人々の医療保険を軸に出発した日本の医療保険は、戦後、「市町村国保」を基盤として「国民皆保険」体制を達成したからである。それまで存在していた被用者のための「医療保険」と「市町村国保」との関係は、一部負担金などの点で「市町村国保」より有利な制度に既に入っている人々については、「市町村国保」の「適用除外」とされたのである。このような歴史的経緯を踏まえれば、「高齢者の医療の確保に関する法律」が「後期高齢者の医療保険」というジャンルを設けたことは、「国民皆保険」体制というものについて、それまでの考え方とは異なる考え方を持ち込まざるを得なくなったことの結果であるといえよう。

「議論の構造」について考える

テーマの設定

　大ざっぱに見積もっただけでも、1. 介護保険、2. 老人医療、3. 年金改革、4. 社会福祉の基礎構造改革……など、社会保障に関する今日的議論には華々しいものがある。だからといって、国民の多くが「社会保障」に大いなる期待や希望を抱いているかと言えば、答えは「Non」に近いと言わざるを得ないであろう。これら両者の関係＝議論自体は華々しいが、それに対して国民は熱い眼差しを向けていないこと＝は深刻である。いったい、なぜこのような関係ができあがってしまったのであろうか？

　このような現状に光を当てようとするならば、少なくとも、①誰が社会保障についての議論をすることとなっているのか？＝議論の主体、②社会保障の何について議論がなされているのか？＝議論の対象、③議論のための道具立てはどのようなものとなっているのか？＝議論のためのツール、④結果として、議論はどのようなものとなっているのか？＝議論の構造、というようなことについて考えることが求められる。

この章で考えることの道筋

I　目　的
II　「持続可能な制度」から考える
III　「世論」の構造から考える
IV　「専門家」と「素人」との関係から考える
V　「議論の構造」から考える

目的——[議論の構造について理解する] こと

「議論の構造」について考える際に気がつかれなければならない重要なことは、「議論の対象」となっているものが前提的なものとして存在していることである。結果的に生じることは、「生活しているさまざまな人々にとっては大切なもの」であっても、「問題として発見され損ねるもの」があるという事態である。しかし、さらに深刻なことがある。それは、「自分たちの生活上の具体的な問題」と「前提的に設定された問題」とが混同されることによって、「生活しているさまざまな人々」自身が、問題発見という次元においてさえ自己決定権を行使できなくなっているということである。

「議論をする主体」のありよう、設定された「議論の対象」、さらには「世論」というものによって、結果として、現実の制度が形成されることとなる。経緯をたどれば以下のようになる。議論することを許される地位の（排他的）独占状態により、初期的には、「議論の対象」は固定的なものとして創出されることになるが、これはそのままの形で再生産されることとはならない。この再生産は、大衆化した巨大な専門家集団による「新しい議論の対象」の創出過程との緊張関係を伴いつつ、「議論の対象の転移」をもたらすこととなるのである。しかし、「議論の対象」が移転したとしても、それは質的な意味における変化を伴うものではない。なぜなら、「議論の対象の転移」をもたらす大衆化した者達は、瞬時にお色直しを済ませた専門家であり、（構造的には）決して、素人ではないことになってしまうからである。われわれの感覚に照らせば、「へぇー、知らなかった。あの女性は芸能リポーターと思っていたけど、年金の専門家だったんだ…」という具合にである。このようなことを念頭に、「[議論の構造] について考えることがここでの目的である。

222　第6部　「社会保障法」を巡る考え方とは（まとめ）

「持続可能な制度」から考える

　社会保障についての改革論議で使用されているキーワードの一つに「持続可能な制度」がある。何らかの工夫によって、制度が安定したものとなって、それがうまく機能するのであれば、今日のような諸問題は顕在化しなかったであろう。残念なことであるが、「考え方の手順」や「目指すべきもの」が、今の様相のままであり続ければ、「持続可能な制度」の確立は全くといって不可能であろう。

　今一度、「持続可能性」とはどのような状態を指すのであろうか？について考えてみよう。「持続可能性」とは、「制度を成り立たしめている基本軸が揺らがないこと」によって、結果としてもたらされるものである。それは、間違っても、「なりふり構わぬ制度維持」や「信頼感を廃棄した組織の維持」と混同されてはならない。

　決定的問題はなにか？　それは、端的にいえば、制度を語る際に量や貨幣＝抽象的で代替できるもの＝で語ることによって問題が解決されると考えていることから生じている事柄に気がついていないところにあるといってもよい。

　語られていることをみれば、「人々の生活」のことを心配しているのではなく、「財政的なこと」が心配なのである。「人々の生活」のことに気を配ることは、「社会保障制度」が無ければできないことであろうか？そのように考えると、やはり気に掛かっていることは、「人々の生活」ではなくて、「制度の存続」なのである。いわば、「かけがいのない、その子供のこと」を気にかけているのではなく、「成績のこと」や「かかる費用のこと」が心配なのである。結果として、いかに語ろうとも、そのようにしか考えていないということが、「人々」や「子供達」から丸見えなのである。そうすれば、「持続可能性」どころか「無関心」しか生じないこととなる。

6・5　「議論の構造」について考える

「世論」の構造から考える

　「議論の構造」を把握するにあたって、「人々の意識」や「世論」も重要な情報を提供してくれる。「人々の意識」や「世論」についての接近はそれほど困難ではない。たとえば、次のように実践すれば、ある程度のことははっきりしてくる。まず、私たちの多くにとって、〈あたかも、同じテーマについて語っているかのように感じられる対象〉を選定することから、作業は開始される。たとえば、テーマとしての「年金改革」というものがそれにあたる。その際に、注意すべきことは、〈「年金改革」を巡る「人々の意識」や「世論」の推移をみる〉という当初の意図を忘れないことである。新聞であれ、テレビの語りであれ、〈そのテーマ〉についての「扱われ方」を丹念に観察することを実践すれば、興味ある結果が得られるであろう。

　たとえば、「年金改革」についていうなら、「年金改革に関する有識者調査」というようなものが格好の材料を提供してくれることになる。その調査の結果がいかに報じられるのか？（新聞・テレビなど）を観察してみれば、それらの報道が〈質問項目のありよう〉＝〈このような質問と選択肢なら、当然このような結果になる〉＝にまで及んでいないことは明らかになるであろう。そのような報道によって生み出されるものは、「世論の変容を意識させない環境」であり、さらには、あたかも、「人々が主体的に回答したと感じさせる環境」である。しかし、実際に生じていることは、①世論が変容していることがあるにもかかわらず、②固定的な質問がなされているので、③与えられた問いにしか答えられない回答となってしまって、④それが「世論」として公化されるということである。このようなことが生じているのは、「質問」や「語ることができる場」が、人々の手から奪われ固定化されてしまっているからである。

「専門家」と「素人」との関係から考える

　歴史的に見れば、議論に参加できる主体は、当初は、その地位を独占した状態＝一部の専門家にしか分からない事柄の担い手＝という形で姿をあらわす。そして、次の段階では、そのような特権を有する者達が設定した論点や議論の方法を踏襲する形で、議論に参加する主体の拡大・普遍化が生じる。議論に参加する人々の像は、拡大・普遍化を繰り返しながら再生産されることになる。注意しなければならないことは、このことの繰り返しが描く軌跡が複雑なものであるということについてである。「大衆化した議論の主体」は、確かに大衆化はしてはいるものの、しかし、同時に、その大衆には、「素人ではない、専門家としての質を備えていること」が要請されることになってしまうからである。

　「大切なこととしての社会保障や社会福祉」については、誰もが関心を持つべきであるとする要請から、〈それまでは、全くの素人として位置づけられていた人々〉が、関心をもつに至り、さらに、その事が、同時に、にわか仕立ての国会議員を含めて、〈素人であった者を専門家化させる〉に至るのである。結果として生じることは、大衆化した巨大な、そして、専門家化した集団ができあがることなのである。2004年の年金改革をめぐる議論、そして2007年の議論のありようを思い出していただきたい。私たちを含めて、昨日まで素人であったはずの誰もが専門家となって議論に参加していたのである。

　「主観の表明」に過ぎなかったものが「専門家的議論」へと変身した結果、議論は「制度の土台を形成していた人々の合意のありよう」＝「法」や「規範」＝から遠いものとなり、それまで「いやだけどルールは守ろう」と考えていた人々を、「どうせ、制度なんてそんなものだ」と考えてしまう人々へと変身させることとなる。

「議論の構造」から考える

　社会保障をめぐる議論は「社会保障の根幹に関わる重大事項」のように語られているものの、そこで重大だとされていることは、もっぱら、「制度が抱えている重大さ＝制度内の重大さ」であり、「制度が解決すべき問題の重大さ」とはなっていない。言い換えれば、「議論をすることが許されている者」の意識にとっては、「社会保障にとって解決すべき事柄として認識されているもの」が、「さまざまな人々の生活上の諸問題」としてあるのではなく、「社会保障を構成する制度がかかえる問題群」となってしまっているということになる。構造的には「問題発見」や「議論」というものが、『「問題発見」や「議論」することが許されている者』の私物化されたものと化し、それが再生産されることにより大衆化してゆくということになっているのである。

　「白書」であれ、「論文」であれ、なされている議論の中に、解決されるべき問題点が設定されていることは当然である。社会保障や社会福祉についていえば、問題点として設定されているものは、「具体的な生活をしている人々の生活上のソレ」から遠ざかり、「個別的な社会保障関係制度のソレ」に移行しつつあることは確かである。そこにある構造的な特質は、「具体的な生活をしている人々の生活上の問題」を扱っていそうな議論を展開しつつも、その実、気にかかっていることは、「個別的な社会保障関係制度の問題点」である、というようなものである。その場合、議論の中での論理整合性は、あとから「机上で」考えられることも多い。「あなた達のことを気にしているのですよ」というような発言を繰り返し聞かされたにもかかわらず、そのたびに裏切られた人々の心の中で醸成されてくるものは、「あのように言ってはいるが、どうせ私たちのことなど気にかけてはいないのだから…」という感覚である。

考えるための補足テーマ——練習

議事録から見える考え方——①少子化（戦時体制下）

「少子化」は、戦時体制下の日本において「人口増殖」や「民族興隆」等に内包される形で「問題」として語られてきた。典型的なものは「優良ナル所ノ結婚ヲ大イニ奨励シ、斯クアラシムル爲ニ何等カ表彰ヲシテハ如何デアルカ、國家ニ於テ、或ハ地方自治體ニ於テ、近代ハ先程申上ゲマスル如ク、生活難ヨリ致シマシテ婚期ガ後レテ参リ、謂ワレナクシテ獨身デ長ク生活ヲスル者モ數々アル……眞ニ日本國民大使命ノ達成ト結婚、人口増殖ト云フコトハ如何ニ重大ナル問題デアルカト云フコト、又青年男女ニ對シマシテ結婚ノ知識ト之ガ準備トニ付キマシテ、一段ノ教育ヲ進メル」（男爵浅田良逸）というようなものである[1]。その後顕著になるのは、「人口増殖」という使命達成の鍵を握るものと位置づけされた「結婚」・「子供」・「家族」等のありようについての発言が繰り返されるようになったということである。典型的なものは、「結婚観ノ舊體制ヲ是正シテ、是非新シイ結婚観ヲ樹立スル必要ガアルト思フノデアリマス、即チ結婚ハ決シテ個人ノ私事デハナイ、民族興隆ノ基礎デアル、兩親ヤ周圍ノ指導ノ下ニ、若キ二人ガ互ヒニ助ケ合ツテ堅實ナ家ヲ建設シ、サウシテ世界無比ノ團體ニ淵源スル立派ナ日本民族ノ血液ヲ永遠ニ生々發展セシムルト云フヤウナ使命ヲ感ジナガラ澤山ノ子供ヲ産ミ、丈夫ニ育テ、教育シテ、國家ノ御奉公ニ役立タシムルト云フ信念ヲ確立スル、サウ云フ氣風ヲ作ツテ行カナケレバ今日ノ大東亞戰爭ノ後ニ来ルベキ大東亞ノ經營ニ當ツテノ日本民族ノ發展ト云フモノガアリ得ナイト思フ、随テ性慾ト云フヤウナモノヲ國家ニ捧ゲル、結婚ハ個人ノ私事デハナクシテ、國家興隆ノ基礎デアルト云フ結婚観ヲ確立致シマシテ、性生活ノ厳正化ヲ強調スル所ノ社會環境ヲ速カニ確立スルコトガ必要デア

考えるための補足テーマ 227

ル」(羽田委員)というようなものである[(2)]。ここに見ることができるように、強調されたことは「結婚すること」や「子どもを産むこと」が個人の私事ではないということであった。そして、さらに時代が進むと、「結婚」と「子ども」については「女子ノ結婚ニ付テ結婚手当金ノ支給……ヲ織込マレマシタコトハ、人口國策遂行ノ一端ト致シマシテ洵ニ結構ナ親心ト私ハ敬服シテ居ル所デアリマスルガ、思ヘバ子供ハ個人ノ子供デナクテ、國家ノ子供デアリ、畏多イ話デアリマスガ、陛下ノ赤子デアルト云フコトヲ考ヘマシタナラバ……」(小泉國務大臣)という具合になる[(3)]。

さらに付け加えなければならないことは、「人口政策」や「民族興隆」と「体力管理」との間に強い結びつきが生じたということである。このことは、例えば、昭和15年の国民体力管理法案についてなされた「國民體力ノ向上ヲ圖ル、健康ヲ増進スル人口ノ質ヲ改善ヲスルト、左様ナ大キナ日本國家ノ持ッ永遠ノ目的ノ一ツヲ達成致シマスル爲ニ立案セラレマシタ」(國務大臣・吉田茂)[(4)]との発言に対しての、「教育ニ於テハ精神的ナ立派ナ人物ヲ造ルト云フコトガ目的デアリマスルシ、又此ノ法案ニ於テハ國民ノ體力ヲ益々増大シテ、サウシテ能力ヲ増進サセルト云フ兩方ガ設ケラレテ完全ナモノニナルノデ、此ノ法案ノ御趣旨ハ誠ニ結構ナ御趣旨ト思ヒマス」(男爵・黒田長和)という発言に典型的に見ることができる[(5)]。ここで注目すべきは、「体力」が「教育」や「学力」と結合されて語られるようになったことである。

(1) 官報號外 第73回帝國議会 貴族院議事速記録第5號 國務大臣ノ演説ニ關スル件・昭13年1月28日・79ページ。
(2) 第79回帝國議会 衆議院 國民體力法中改正法律案他四件委員會議録(速記)第3回・昭和17年1月27日・25ページ。
(3) 第84回帝国議会衆議院 戦時特殊損害保険法案委員會議録(速記)第7回・昭和19年1月31日・60ページ。
(4) 第75回帝國議会 貴族院 國民體力管理法案特別委員會議事速記録第

1号・昭和15年3月2日・2ページ。
（5）同。

議事録から見える考え方——②少子化（現代日本）

　先ほど見た戦時体制下の日本における語り口を活用することによって、現代の日本における「少子化」についての語られ方がどのようなものであるかを見てみよう。「少子化」についての一般的な語り口は、「この少子化の問題というのは、よく経済財政に結びつけて語られることが多いと思います。また、経済政策、産業政策、あるいはまた社会保障政策。しかし、そうした課題、問題との関係だけではなくて、これはもう社会全般にとって、子供の数が減っていって人口が減少している、社会を支える基盤そのものに対して極めて大きな影響が出てくる、このように思うところでございます。そうした認識のもとに、我々は少子化を考えていかなければならない」（安倍内閣総理大臣）というようなものである[1]。現代の日本の「少子化」についての、内容物を伴わない抽象的な一般的語り口からは見えてこない「少子化」の内容物は、「少子化」というものを構成する要素（＝「子ども」や「家族」等）についての、発言者の基本的な認識や意義づけがその内容を明らかにしてくれることになる。「子ども」についていえば、「子供は国の宝」（安倍内閣総理大臣）という語り口がそれを示している[2]。そして、「家族」については、「日本というのは世界で最も長い歴史を持つ国家でありまして、例えば今から二千六百七十三年前、橿原宮で神武天皇が建国の詔を発せられるわけですが、そこで三つの建国の理念を語られるわけですね。一つは、一人一人を大御宝といって、一人一人大切にされる国。そしてもう一つが、徳を持って、道義国家をつくりたいと。それからもう一つが、家族のように世界が平和で仲よく暮らせる国をつくりたいということです。これは恐らく今の日本人の心情からしてみても違和感はないんだと思います」（山谷えり子）ということになる[3]。さらには、「家族については、やはり

日本民族の永続というところから、夫婦と子供、そういった家族の原型、原則型を法制度の中に書いていることに合理性があると思っております」(稲田委員)[4]という発言や、「私は、初当選のころから、しっかりとした国家観と地に足の付いた生活観を併せ持って課題解決を図ることを旨とし、命の重み、家族の絆、国家の尊厳を守る政治を志してきました。政治の要諦は、民族の生存可能性を高めるために確かな判断を重ねていくことだと心得ます」(有村治子)という発言を挙げることができる[5]。そして、「婚姻」については「実は、少子化の主な要因、政府がこれまで分析をしておりましたが、総合的、全般的に対策を講じていかなければならないと思います。人の人生のステージで申し上げますと、結婚、妊娠、出産、育児、そして教育というふうに、それぞれの場面で、今さまざまな壁がございます。結婚で申し上げますと、全ての年代で未婚率が増加しておりますので、まず結婚をしていただく。それから、妊娠をしていただくところでも、やはり高齢出産が進んでおりますので、そういったものの、母体の教育でございますとか、それから不妊治療でございますとか、さまざまな施策をそれぞれのステージに合わせて切れ目なく行っていくということが大事です」(森国務大臣・当時) を挙げることができる[6]。

また、「体力管理」についていうなら、「最初に言われましたが、私も、学力よりも前に最初に体力だろう。これは森前総理がいつも言われるので私も口癖になっているのですけれども、体力がなかったら勉強もできない、こう思いますので、まず体力増強ということ、そして、そのためには非常にこのラジオ体操というのが役に立つということを強くPRしたいなと思っております」(中山国務大臣・当時)[7]を挙げることができるし、その発言に対しての「そしてまた、まさに中山大臣言われましたように、森前総理もいつも口癖ですけれども、まず体力がない、というのは、やはり体力がないと根気力も続かないし、知的好奇心もわかない。そうすると、どんな勉強もできないのじゃないかと私も思ってお

ります。その一つの過程としてラジオ体操を取り上げさせていただきました」（松島みどり）をあげることができる[8]。

(1) 安倍内閣総理大臣発言［009/018］166-衆-予算委員会-14号平成19年02月23日（国会会議録検索システム http://kokkai.ndl.go.jp/2014.9.19アクセス。以下、同システムによるものは国会会議録検索とアクセス年月日のみを表記。）
(2) 同
(3) 山谷えり子発言［［006/020］183-参-憲法審査会-5号平成25年06月05日（国会会議録検索システム 2014.9.19）
(4) 稲田委員発言［［013/013］173-衆-予算委員会-4号平成21年11月05日（国会会議録検索システム 2014.9.15）
(5) 有村治子発言［004/005］177-参-本会議-3号平成23年01月28日（国会会議録検索システム 2014.9.23）
(6) ［023/030］183-衆-内閣委員会-3号平成25年03月15日（国会会議録検索システム 2014.7.25）
(7) ［004/005］162-衆-予算委員会第四分科会-2号平成17年02月28日（国会会議録検索システム 2014.10.6）
(8) ［004/005］162-衆-予算委員会第四分科会-2号平成17年02月28日（国会会議録検索システム 2014.10.6）

議事録から見える考え方──③年金（保険）

2004年の年金大改革をめぐる議論を取り上げてみよう。記録によれば、「衆議院・厚生労働委員会」において、最初に質疑を行ったのは安倍晋三委員（当時）・（自由民主党）であった（平成16年4月7日・午前10時6分開議）。記録で見る限り、「保険料を拠出することの意味」について、安倍委員の考え方が明確になっている箇所は、民主党の考えている「案」（実際には、この時点では、未だ不明確なものであったもの）についての発言であろう。それについて、記録から引用するならば、「……民主党が考えているようにすべて税金で賄うということにしたときに、私は、大きな不公平が生じるのではないだろうか、こう思うわけであります。

二十から年金受給に至るまで営々と四十年以上年金をまじめに払い続けた人たち、そしてまたもうすぐ年金をもらおうとしている人たち、この皆さんは、ずっとまじめにこつこつと年金を払い、そしてその年金制度、保険制度の対価として給付を受ける、こういうことになるわけであります。……」ということになる（「衆議院・厚生労働委員会議録」第9号・3ページ）。記録から読みとれる「保険料を拠出することの意味」は、「対価としての給付を受け取るためのもの」ということとなる。興味深いのは、この質疑に対しての坂口国務大臣（当時）の発言である。すなわち、大臣の発言は、「……現在の年金制度は、負担につきましてはそれぞれの人がその能力に応じて負担をする、そして、給付のほうはできるだけ公平に給付を行う、そうした形ででき上がっているわけであります。……」というものであり、「拠出した対価として給付がある」という構造とはなっていないのである。

同日、午後、自民党の菅原一秀委員（当時）の質疑の後、公明党の冬柴鐵三委員（当時）が質問をしている。冬柴委員の発言の中から、「保険料を拠出することの意味」が読みとれる箇所は、民主党が考えていた、いわゆる年金目的消費税というようなものについての発言である。すなわち、「……高齢者で、もう保険料を全部払い終わって、今いただいている人にまで、もう一回保険料の支払いを、消費税という形で二重払いを強制することで、これは高齢者いじめ、老人いじめじゃないかという感じがいたします。……」（「衆議院・厚生労働委員会議録」第9号・21ページ）という部分であろう。ここにみられるのは、「保険料を負担することの意味を、自らが受給することとの関係で捉える」という考え方である。同様の発言は、同党の北側一雄委員（当時）の発言についても見ることができる（4月9日、午後2時10分開議）。すなわち、「……長年の間懸命に保険料を払ってこられて、支払いを終えて、すでに年金を受給されている高齢者の皆様にもこの年金目的消費税を課すわけでございます。これは、既にもう年金の保険料を支払い終わって年金を受給して

いるこういうお年寄りの方々にも、年金財政のために、現行制度の年金支給のためにまた消費税を課しているわけでしょう。これは、二重払い、高齢者の理解なんかとても得られないということを申し上げたい……」(「衆議院・厚生労働委員会議録」第10号・15ページ)という具合にである。これらに共通している基本的考え方は、「払い終わって、受給している人々からはさらなる負担を求めない」というものである。従って、記録から読みとれる「保険料を拠出することの意味」は、「個々人の受給のため」ということとなる。ここに想定されている人々の像とは、①「支払い終わってもらうだけの人々」と、②「支払う人々」という、二通りの人々である。結果として、人々の立場や役割は分断され、「あらゆる年代層の人々の中で、所得の保障を必要とする人々が受給し」、「あらゆる年代層の人々の中で、負担をできる人々が負担する」という、社会的な連帯を基礎とした考え方からは遠ざかっている。この2004年の時点で消費税増税について反対を唱えた人たちが、その後、消費税増税についてどのような主張をすることになったか気にかかることである。

エピローグ
——もう一度、なぜ [「考え方」で考える社会保障法] だったのか

もう一度

　最後に、なぜ、[「考え方」で考える社会保障法] としたのかについてもう一度述べさせていただきたい。「このようなことは初めの部分で書くべきだ」という考え方もあるかもしれない。なぜ最後にしたかというと、[エピローグ] で書いたようなことを、もし、はじめの部分で、しかも、長々と書いてしまうと、買い手が少なくなるかもしれないと考えたからである。「では、書かない方がよいのではないか」と言われそうであるが、「社会保障法」を巡って生じている現代の状況について、これだけは書いておきたいという思いを捨て切れず、常日頃から考えていることを、ストレートに書いてみた。

「事実」を踏まえて考える

　少し古い話になるが、2004年の年金制度改革をめぐる議論を思い出してみよう。そこでの議論に見られた特徴は、「払った分だけもらえるのか」、「二重払いになるのではないか」というような損得勘定論であった。しかし、年金の給付には「老齢に関するもの」以外に、「障害に関してのもの」や「死亡に関してのもの」があることを考えれば、年金の制度は損得勘定論では語れないものとして存在しているというのが正しい理解ということになる。それにもかかわらず、2007年の年金をめぐる議論も同様であった。ここにあったものは、「個人的な感情の発露」と「事実を踏まえた議論」とを混同した議論である。

　「考察し議論をするのは事実を確定させた後にすること!!」という手順を欠いた場合、ソレはさらに深刻なことへと結びついてゆくことになる。ソレは以下のようなことである。ある特定の個人が制度を十分に理

解していなかったとしよう。その不十分な理解が個人レベルにとどまっていれば、「実害」が発生することは少なくてすむ。しかし、現代社会においては、制度の不十分な理解は、それにとどまらずに、メディアや議会を通じて、予期しないことを生じさせることになる。結果として生じることは、制度の不十分な理解や世論を利用するような形での制度改革ということになる。

　「法」という側面から光を当てるならば、「制度の不十分な理解」という状態は、「制度の根幹を形成している人々の合意のありようについての理解を欠落させているということ」になる。もちろん、歴史的な過程で社会保障についての考え方が変容することはある。しかし、そのような変容が「誤解」・「無知」・「損得勘定」から生じるとしたなら、「あの約束事は何だったのか」という具合に、結果は深刻なものとなる。実際、日本における議論のありようは、「あの約束事は何だったのか」ということの繰り返しとなっている。「子ども手当」、「児童手当」、「扶養控除」、「消費税」を巡るゴタゴタは何だったのか。そのような状況はなぜ、いかに生み出されたのであろうか。

　このようなことを念頭に置くなら、まずは、社会保障の制度をめぐる議論は、「誰」によって、「何」について、「どのように」なされているのであろうか、ということに接近しなければならないということになる。

議論をしているのは「誰」か？

　議論をする「主体」についてみてみよう。社会保障や社会福祉について議論をする人々は、いったい、「誰」になっているのであろうか？現代の社会を観察してみると、これについては構造的な特徴を読みとることが出来る。その特徴は、「テーマが社会保障や社会福祉である」ということと深くかかわっている。それは以下のような事情から導き出されることになる。①まずあげられることは、私たちの意識が「社会保障や社会福祉についての議論には専門性は不可欠である」というように

なっていることである。②そして、次にあげなければならないことは、私たちが「社会保障や社会福祉は（反対する人がいない）大切なことであり、誰にとっても考えるべき事柄である」というように考えていることである。一見したところ、至極当然のことに思えるこの二つのことは、じつは、接触すると「とても危険なもの」へと変容する存在物なのである。鍵は、［専門性］と［大切なこと］にある。

歴史的に見るならば、議論に参加できる主体は、当初は、その地位を独占した状態＝一部の専門家にしか分からない事柄の担い手＝という形で姿をあらわす。その排他的な地位にある者にしか許されない事柄とは、「論点の設定」から、「議論の方法」に至るまで、広範囲にわたることになる。そして、次の段階では、そのような特権を有する者達が設定した論点や議論の方法を踏襲する形で、議論に参加する主体の拡大・普遍化が生じる。「大切なことは、皆で議論しなければならない」という状態がコレに当たる。議論に参加する人々の像は、拡大・普遍化を繰り返しながら再生産されることとなるのである。ただし、ここで注意しなければならないことがある。それは、このことの繰り返しが描く軌跡は単純なものではないということについてである。よく観察してみよう。「大衆化した議論の主体」は、確かに大衆化はしてはいるものの、しかし、同時に、その大衆には、「素人ではない、専門家としての質を備えていること」が要請されることになってしまうからである。先ほど、［接触すると「とても危険」なものへと変容する存在物］といったのは、このことについてである。

単純化していえば、「大切なこととしての社会保障や社会福祉」については、誰もが関心を持つべきであるとする要請から、〈それまでは、全くの素人として位置づけられていた人々〉が、関心をもつに至り、さらに、その事が、同時に、にわか仕立ての有識者や国会議員を含めて、〈素人であった者を専門家化させる〉に至るのである。結果として生じることは、大衆化した巨大な専門家化した集団ができあがることなので

ある。2004年の年金改革をめぐる議論、そして2007年の議論のありようを思い出していただきたい。私たちを含めて、昨日まで素人であったはずの誰もが専門家となって議論に参加していたのである。

「主観の表明」に過ぎなかったものが「専門家的議論」へと変身した結果、議論は「制度の土台を形成していた人々の合意のありよう」=「法」や「規範」=から遠いものとなり、それまで「いやだけどルールは守ろう」と考えていた人々を、「どうせ、制度なんてそんなものだ」と考えてしまう人々へと変身させることとなる。

議論は「何」についてなされているのか？

では、「議論の対象」=「テーマ」はどのように設定されることになっているのであろうか。ここで重要なことは、「議論の対象」となっているものがアプリオリなものとなっていることに気づくことである。2004年の年金改革での議論のありようを思い出していただきたい。議論は、いつの間にか、個人的な損得勘定=「何年生きればもとがとれるか」というようなこと=と社会保険庁の問題となってしまった。ここで生じた深刻なことは、「いやだけどルールを守ろう」と考えていた人々自身が、「論点設定能力」を失ってしまい、結果として、「自分たちのなしてきた合意の積み重ね」と「アプリオリに設定された問題」とを混同してしまったことである。いいかえれば、多くの人々が、問題発見という次元においてさえ自己決定能力を放棄しているということになる。

前に述べた「議論の主体」との関係で、「議論の対象」についても複雑なことが生起せざるをえないこととなる。なぜなら、議論に参加することを許される地位が（排他的）に独占されていた初期的な状態では、「議論の対象」は固定的なものとして創出されることになるが、このような状態がそのままの形で再生産されることには困難性が伴うからである。この再生産は、大衆化した巨大な専門家集団による「新しい議論の対象」の創出過程との緊張関係を伴いつつ、「議論の対象の転移」をも

たらすこととなるのである。ここで注意しなければならないことは、「議論の対象の転移」をもたらす大衆化した者達は、その時点では、「素人」から「専門家」へと瞬時にお色直しを済ませた人々であり、したがって、「（構造的には）決して、素人ではない（ということになっている）」ことについてである。われわれの感覚に照らせば、「へぇー、知らなかった。あの人は福祉の専門家だったんだ…」という具合になってしまうのである。その結果、「これがテーマなの？」というような「俄仕立てのテーマ」でさえも、「認定されたテーマ」として君臨するに至ることになるのである。気がついてみれば、私たち自身も、そのテーマを追認することになっている。

議論をするための「概念」と「用語」はどうなっているのか？

議論をするための「概念」や「用語」についてはどうであろうか。「社会保障」という「概念」や「用語」を例に採ってみよう。

近年の議論において特徴的なことは、「社会保障」という用語が、もはや、個々の制度を指導する基本原理＝上位の抽象的概念＝として機能しなくなりつつあるということである。もう少し具体的にいえば、社会に露出している議論の多くは、「社会保障」というものを、個別の制度を指導する基本原理として理解していない人々によってなされているものであるということになるであろう。なされている多くの議論と同様の次元に立つとするならば、「個別の制度（あるいは、その寄せ集め）が社会保障」であるということになってしまうであろう。

そのような議論の具体的な例としてあげることができるのは、たとえば、2004年の年金改革をめぐる議論である。すなわち、議論の多くは、個々の規定を指導するような考え方をめぐってのものというよりは、「個々の規定の内容物」や「給付や保険料の金額」をめぐってのものであった。

基本軸になりそうな「概念」や「用語」を念頭において、もう少し奥

に入ってみよう。よく使用されている「概念」や「用語」としてあげることができるものは、a.「平等」・「格差」、b.「安定」・「改革」、c.「連帯」・「個人化」、d.「自由」・「強制」、e.「多様性」・「画一性」などとなる。間違わないでいただきたいのは、ここで問題としようとしていることは、対置された二者のどちらを選択するかということではない、ということである。ここで問いかけているのは、これらの「概念」や「用語」が、一方で、「誰でもがソレと理解する内容物を備えたもの」として存在していると同時に、他方で、同時に、「発言者によって恣意的な意味を付与されたソレ」として存在するということについてである。重要なことは、「発言者によって恣意的な意味を付与されたソレ」として存在することとなった「概念」や「用語」が、瞬時にして「誰でもがソレと理解する内容物を備えたもの」として存在することとなる、という構造について知っておくことである。これらの「概念」や「用語」は、「それを使用して発言する者」と「それを使用してなされるテーマ」次第で、どのようなことでも生じてしまうことになっているのである。

　そこで注意すべきは、具体的な内容物を伴わない「抽象的用語」の多用・繰り返し現象についてということとなる。これについては、読者の多くは経験済みかもしれない。たとえば「国民の共同連帯」というような「（誰もが信じて疑わない）美しい抽象的用語」にどのような内容物が盛り込まれるかは、先に述べたような構造の中で再生産を繰り返すこととなる。それにもかかわらず、国民の多くは、「抽象的用語」と「盛り込まれた具体的な内容物」を結びつけて考えることをせずに、その時点、その時点での語りに翻弄されて、社会保障における「連帯」とは「コレコレのようなものだ」と考えることになってしまう。この場合に必要なことは、「具体的にどのような状態」をもって「連帯とする」のか？　というようなことについての検証なのである。そこにおいては、「統計の取り方」や「調査の方法」、さらには、「比較の方法」といった諸点について徹底的に検討されなければならないことになる。

議論の構造

　現代の華々しい動きや議論は「社会保障の根幹に関わる重大事項」のように語られてはいるものの、しかし、少し冷静に観察してみると、そこで重大だとされていることは、もっぱら、「制度が抱えている重大さ＝制度内の重大さ」となっており、「制度によって解決されるべきことがらの重大さ」や「制度改正の繰り返しがもたらすことになる重大さ」ではないことがわかってくる。2004年の年金改革をめぐる議論を思い出していただきたい。重要だとされたことは、制度がこの先どうなるのか？ということであって、私たちがこの社会でどのように生きるのか？ということではなかった。このことは、「議論をする者」にとっては、「社会保障について解決すべき事柄として認識されているもの」が、「さまざまな人々の生活上の諸問題」や「このような改革がもたらす将来的なこと」ではなく、「社会保障を構成する制度がかかえる問題群」となってしまっていることを意味する。構造的にみれば、「議論」というものが、「認定されたテーマ」について、「専門家化した大衆」によって私物化された形でなされ、その再生産の繰り返しによって、正当性を得た社会化されたものになってゆくということになっているのである。

あとがき

　歴史的経緯や論理性を知らずになされる議論の横行はとても危険である。危険だという理由は、社会保障制度が望ましくない方向に導かれるということだけにあるのではない。変化は常に生じるものである。ここで重要なことは、歴史的経緯や論理性を無視した、その様な議論の横行がもたらす結果としての「人々の心理状態」について知っておくことである。多くの人々の心には、「制度の土台を形成していた人々の合意」（と信じてきたこと）を信頼することをやめてしまおうという気持ちが芽生えてくる。「今度だけ」という言葉につられて、歯を食いしばって我慢して、それについての義務を履行してきたにもかかわらず、それを根っこから覆すようなことが度々あるとすれば、人々の規範意識は「まじめに、義務を果たすことは馬鹿らしい」というものになってしまう。制度的安定とは、制度それ自体を財政的に安定させることだけによって確保できるものではない。制度的安定とは、「私が生きている社会には、私が嫌いなルールもあるが、ルールがあるのが社会というものなのだ」という人々の意識を維持することによって確保されるものである。では何をすればいいのだろうか。そのためのひとつの作業が、「社会保障法について考える」ということになる。考えるといっても、それは、一つ一つの法律や制度の良し悪しを論じることではない。重要なことは、「社会保障法」を構成している諸々の要素とそれについての「考え方について考えること」である。

　この本の目的としていることは、「社会保障法とはどのようなものだろう」ということについて、「社会保障法とはどのような考え方から成り立っているのだろう」という「問い」を発しながら考えることである。その意味では、この本は、「社会保障法」についての体系的な書物ではないし、「社会保障法」についての理論書でもない。もちろん、い

わゆる教科書や概説書でもない。ただし、読者が、社会保障関係の法規や制度についてのある程度の関心を有していることを前提としている。とはいっても、それらについての前提的知識がない場合でも議論に入っていけるように工夫をしたつもりである。さらに気をつけたことは、度重なる法改正などに振り回されることがない『本』にするということであった。

　このようなことを思い立ったのは、今から10年少し前、中央大学の「ロースクール」で社会保障法を担当し始めたときである。必ずしも法学部を出ていない学生、法学部卒業といっても社会保障法を受講していない学生、というような履修生を相手に、社会保険労務士の試験対策のような講義は出来ない。かといって制度の仕組みをしゃべっていては、学部の講義以下になってしまう。様々なニーズに応えるために、そして、法改正があっても揺らがないように、と考えてこの『本』を書こうと思ったのである。

　最後になったが、このような思いを受け止めてくださった、相馬隆夫さんにお礼を言わなければならない。本当にありがとうございました。『比較福祉の方法』（2011年、成文堂）でお世話になった相馬さんに執筆の意図を話したところ、私の企画に賛同してくれた。相馬さんにお話ししてから4年が経過してしまい、相馬さんはこの『本』が出来上がる以前に成文堂を退職された。そして、後を受け継いでくださった篠崎雄彦さんには、「音楽の話」をまじえながら最終段階までアドバイスをいただいた。本当にありがとうございました。

　久しぶりの単著である。内心、「出来上がるのか」と心配していたが、家族から時間を頂戴して、何とかこぎつけた。佳代子、素乃子、真央、真矢、内田さん、梁さん……ありがとうございました。

2015年7月20日

著　　者

著者略歴
久塚純一（ひさつか じゅんいち）
1948年札幌市生まれ。同志社大学法学部法律学科、九州大学大学院法学研究科を経て、現在、早稲田大学社会科学総合学術院教授

主要著書
『フランス社会保障医療形成史』（九州大学出版会）、『比較福祉論』（早稲田大学出版部）、『テキストブック 社会保障法』（共著、日本評論社）、『乳がんの政治学』（監訳、早稲田大学出版部）、『社会保障法 解体新書』（共編著、法律文化社）、『世界のNPO』（共編著、早稲田大学出版部）、『フーコーと法』（監訳、早稲田大学出版部）、『福祉を学ぶ人のための法学』（共編著、法律文化社）、『高齢者福祉を問う』（共編著、早稲田大学出版部）、『比較福祉の方法』（成文堂）、『「ありよう」で捉える社会保障法』（成文堂）、『「議事録」で読む社会保障の「法的姿」』（成文堂） 他

「考え方」で考える社会保障法

2015年9月20日　初版第1刷発行
2017年9月1日　初版第2刷発行

著　者	久　塚　純　一
発行者	阿　部　成　一

〒162-0041　東京都新宿区早稲田鶴巻町514番地
発行所　株式会社　成　文　堂
電話 03(3203)9201代　FAX 03(3203)9206
http://www.seibundoh.co.jp

製版・印刷　藤原印刷　　　　　　　　　製本　弘伸製本
☆乱丁・落丁本はおとりかえいたします☆　　検印省略
©2015 J. Hisatsuka　Printed in Japan
ISBN978-4-7923-3335-5 C3032
定価(本体2900円＋税)